Commentary On Ezra And Nehemiah, Ed. From Mss. In The Bodleian Libr. By H.j. Mathews...

Saadiah b. Joseph (al-Fayyûmî.)

Anecdota Oxoniensia

TEXTS, DOCUMENTS, AND EXTRACTS

CHIEFLY FROM

MANUSCRIPTS IN THE BODLEIAN

AND OTHER

OXFORD LIBRARIES

SEMITIC SERIES. VOL. I—PART I

2

COMMENTARY ON EZRA AND NEHEMIAH
BY RABBI SAADIAH

EDITED BY

H. J. MATHEWS, M.A.

Oxford

AT THE CLARENDON PRESS

1882

𝕷𝖔𝖓𝖉𝖔𝖓

HENRY FROWDE

OXFORD UNIVERSITY PRESS WAREHOUSE

7 PATERNOSTER ROW

COMMENTARY

ON

EZRA AND NEHEMIAH

BY RABBI SAADIAH

EDITED FROM MANUSCRIPTS IN THE BODLEIAN LIBRARY

BY

H. J. MATHEWS, M.A.

EXETER COLLEGE, OXFORD

𝔒𝔵𝔣𝔬𝔯𝔡

AT THE CLARENDON PRESS

1882

London

HENRY FROWDE

OXFORD UNIVERSITY PRESS WAREHOUSE

7 PATERNOSTER ROW

COMMENTARY ON EZRA AND NEHEMIAH
BY RABBI SAADIAH.

THE commentary which we publish is found complete or incomplete in the following thirteen manuscripts :—

1. British Museum Library (Add. 27298). Fragment of one page ending בגוים סרתי (p. 3, l. 15).

2, 3, 4. Bodleian Library, Oxford (Opp. Add. 4to, 52 = Neubauer's Catalogue, No. 322; Opp. Add. Fol. 24 = Neub. Catal. 364; Hunt. 225 = Neub. Catal. 349). The first of these MSS. is incomplete, and ends לא אריך (p. 12, l. 17).

5. National Library, Paris (No. 162). Incomplete, ending לא בצקה מתרגמ׳ לא (p. 29, l. 11).

6. Library of the Jewish Theological Seminary, Breslau (Zuckermann's Catalogue, No. 104; *Catalogue de la bibliothèque de littérature hébraïque et orientale et d'auteurs hébreux de feu Mr. Léon V. Saraval*, No. xxvii, p. 101, 'A la fin du 1ᵉʳ volume, ותכל עבודת זה הפירוש על ידי אני פולה בת ר׳ אברהם הסופר בר יואב נ״ע מבני בניו של יחיאל אביו של רבינו נתן בעל הערוך ואשתו של רבי יחיאל בר שלמה וכו׳. Written at Rome, Adar 4, 1288.

7. Royal Library, Munich (Steinschneider's Catalogue, No. 60).

8. Mediceo-Laurentiana Library, Florence (Pl. III, Cod. VIII, XIX, Biscioni's Catalogue, 8vo, p. 367; fol., p. 116. 'Circa saeculi xiii').

9. Ambrosiana Library, Milan (G. 23 Sup.; cf. Berliner's *Magazin für die Wissenschaft des Judenthums*, vii. 114). The copyist says: אני יחיאל ביר׳ יקותיאל ביר׳ בנימין הרופא ממשפחת הענוים כתבתי זה הפירוש של תילים ואיוב ומשלי ודניאל ועזרא לר׳ יואב פוסקו¹ ביר׳ בנימין ביר׳ יואב נ״ע והשלמתיו בליל ב׳ בד׳ ימים לחודש כסליו שנת ה׳ אלפים ומ״ה לבריאת עולם. For this extract and all

---

¹ The reading פוסקו is certain from Paris MS. 162, which contains at the beginning the name of מר דניאל בהר׳ משה פוסקו as a witness, May 6, 1359.

other information respecting the Milan MS., I am indebted to the courtesy of Rabbino Dr. M. Lattes.

10. Royal Library, Parma (De Rossi's Catalogue, Cod. 308).

11, 12. Angelica Library, Rome (A. 1. 2. Berliner's *Magazin*, i. 46, *Cataloghi dei codici orientali di alcune biblioteche d'Italia. Fascicolo I. Catalogo dei codici ebraici della biblioteca Angelica per* Angelo di Capua, p. 87; C. 1. 5. *Magazin*, i. 53; *Catalogo*, p. 103).

13. Royal Library, Turin (CIX. A. iv. 27. Pasinus' Catalogue, p. 45; Peyron's Catalogue, p. 103, 'pauca desunt in fine Commenti').

Except in Nos. 7, 11, and perhaps 9, the commentary is anonymous. In the Paris codex it forms one of a series of commentaries on the whole Bible (except the Pentateuch), described in the Catalogue as 'en partie de Raschi et en partie de R. Joseph Qârâ.' The commentary on Ezra, according to the Catalogue, belongs more exclusively to R. Joseph. In the Breslau codex (Cod. Saraval 27) it is also anonymous, but was attributed by its former owner Saraval to Joseph Kara, and is entered as his in Zuckermann's Catalogue (p. 8 and No. 104). Geiger (*Ozar Nechmad*, iv. 43) declares that there is no reason for thus attributing it, and that it does not bear a shadow of resemblance to the writings of Joseph Kara.

In Cod. Angelica A. 1. 2 it is marked, Capua says, 'prima come di Aben Ezra, e poi come di Rabbì Salomone; questi nomi però sono stati indicati posteriormente, e non è nè dell' uno nè dell' altro. Incomincia: זהו פירוש עזרא לר' אברהם וצו"קל נ"ל לבן עזרא.' Capua has by mistake entered the same commentary in Cod. C. 1.5, under פירושים מרבינו ישעיה.

In the Munich codex (where it is preceded by Benjamin ben Judah's commentary on Proverbs, and followed by משלי עם פירוש ר' חסדאי [sic] הלוי) it is attributed to Benjamin ben Judah (פירוש על ספר עזרא לבנימין ב"ר יהודה ז"ל). This MS. has been fully described by Steinschneider in his *Hebraeische Bibliographie* (xiv. 26, xviii. 108). On the unsupported authority of the title found in this MS. the Benjamin authorship has been too readily accepted as if it were a settled fact (cf. Berliner, *Magazin*, i. 46, 53, vii. 114; *Pletath Soferim*, p. 11; Steinschneider, *Hebraeische Bibliographie*, vii. 82; Friedländer, *Essays on the Writings of Abraham ibn Ezra*, p. 206; Benjacob, *Ozar ha-Sepharim*,

p. 471, No. 489¹). For Steinschneider rightly remarks : 'Das Zeugniss desselben würde aber nicht ausreichen, da es nahe lag, diesen Comm. dem Verf. des vorangegangenen zuzuschreiben, und die Unterschrift der nächsten Pièce unseres Codex wahrscheinlich falsch ist. Es ist daher der Charakter desselben und sein Vorkommen in andern HSS. in Betracht zu ziehen.' But the character of this commentary is very different from that of Benjamin's commentaries. Benjamin's glosses are literal, grammatical, and abound with quotations, the names of David Kimchi and Ibn Jannaḥ occurring constantly. But our anonymous commentator is fond of Talmud and Midrash, his glosses do not contain a single grammatical remark, nor is the name of one grammarian, lexicographer, or commentator² quoted by him. It is hardly possible that one and the same author should write on two historical books (Ezra and Chronicles) and yet be so different in his mode of annotation. Our anonymous writer delights in Midrashic explanations of proper names, and we cannot conceive that a writer who explains כורש (Ezra i. 1) by שדרשו ישר' לאל' בימיו by דריוש, and על שמלך כשר היה, and מתרדת (i. 8) by מתיר דת, and ישב באוצר by ששבצר, and so forth, would be content (as Benjamin is) with dismissing למואל מלך (Prov. xxxi. 1), a name which modern scholars consider to be only a poetical appellation, with the simple remark מלך שהיה בימים ההם, or אגור בן יקה (Prov. xxx. 1), with no observation except on the Chirik in בן, לאיתיאל ואכל, or כמו יהושע בן נון שבן לילה היה, with no further remark than יתכן היותם שמות אנשים ובדברי הימים תמצא הרבה והם רעיו היושבים לפניו וכפל לאיתיאל בעבור הפסוק הראשון כמו וביכל בן שלמידהו. On 1 Chron. iii. 19 (ובני פדיה זרובבל) all that Benjamin says is ונקרא בן שאלתיאל כי בן בנו היה או זרובבל אחר היה, but the anonymous writer on Ezra ii. 2 at once begins, ולמה נקרא

---

¹ No. 492 (פי' על עזרא לא נודע למי) is the same commentary as No. 489. Uri 149 = Hunt. 225.

² Steinschneider (*H. B.* xviii. 109) has corrected his statement in *Cat. Libr. Hebr. Bibl. Bodl.*, p. 2196, 'passim citat Abr. ibn Ezra.' It would be difficult for commentators to write without sometimes agreeing, and I observe no agreement with Moses Kimchi which calls for any special remark.

שמו זרובבל זרוע בבל שנזרע בבבל בבית הסהר ולמה אׄבׄר בן
שאלתיאל ששאל אותו מאל שלׄא נשאר מבית דוד זולתי יהויכין
ושאל בן מאל ונתן לו. The phraseology, also, of the commentary is
not that of Benjamin's commentaries[1]. Benjamin frequently quotes the
Targum, but מתרגמין (a phrase so repeatedly occurring in our com-
mentary as to be a characteristic feature) is not his form of expression;
he uses the noun תרגום and almost always says התרגום אמר.
Benjamin uses יש אומרים with our anonymous writer, but not
יש פותרים. Benjamin's phrase is not וחכמים אמרו (Ezra i. 2, vi. 11,
viii. 27; Neh. viii. 10, x. 33; כמו שאמרו חכמים Neh. ix. 5, xiii. 29;
בדברי חכמים Ezra iv. 5), but רבותינו אמרו[2]. Benjamin constantly
states his preference for some interpretation in the case of double
explanations with one or other of the expressions ויותר נכון, ויותר ראוי,
ויותר טוב, הראשון נכון, ונראה לי, ויותר נראה לי, but not one of
these phrases occurs in the present writer, who once says אבל בדעתי כי,
which phrase is not found in Benjamin's commentaries. The word יתכן
in various combinations (ויתכן כי, ויתכן ש, ויתכן היות, ויתכן להיות,
ויתכן שהיה, ויתכן לפרש, ויתכן הדבקו) must occur not less than fifty
times in Benjamin's commentaries on Proverbs and Chronicles, but it
is found only once (Ezra vi. 15) in this commentary. The style and
phraseology of this commentary (to make no further comparison) does
not therefore support the authority of the title of the Munich MS., which
attributes it to Benjamin ben Judah.

In the Milan codex (which contains also Rashi on the Psalms, Kara on
Job and Proverbs, and the Pseudo-Saadiah on Daniel) the title at the com-
mencement of the commentary is simply פיׄ ספר עזרא, and the ending is
נשלם פירוש ספר עזרא. But it is attributed in the frontispiece to Saadiah
Gaon, פירוׄ עזרא עוד לרבינו, פירוׄ דניאל לרבינו סעדיה גאון זצׄׄׄל,
סעדיה גאון זצׄׄׄל. The commentary on Daniel (unlike that on Ezra) is

---

[1] I have not examined the commentary on Kings, which is not in the Bodleian.

[2] I have not observed מתרגמין or וחכמים אמרו more than once each in Benjamin's
commentaries on Chronicles and Proverbs.

attributed to Saadiah (but without גאון) also in the title at the beginning . of the commentary. It appears uncertain whether the handwriting of the frontispiece is as old as the codex, which is dated 1285[1]. An owner has written at the end of the codex, אני שמואל בכא"ו משה ינע"ם בכא"ו נתן זצ"ל החתום למטה מודה כי ברצון נפשי בלי אונס רק בלב שלם ובנפש חפצה ובדעת מיושבת נתתי זה הפירוש מכתובים לרש"י [sic !] מלבד דברי הימים עם שאר ספרי הקודש לחביביי וכו'.

The evidence supporting the title of this frontispiece (at least, as far as the name Saadiah is concerned) is as follows :—

1. In eleven out of the thirteen codices (the Munich and Turin MSS. being excepted) in which the commentary on Ezra is found, the commentary on Daniel by the Pseudo-Saadiah accompanies it. The commentary on Daniel is found in thirteen codices, the two in which the Ezra-commentary is absent being De Rossi 456 and 728[2].

2. In the British Museum MS. the commentary begins ס'ע'ד'יני י'ה' בגבורה [ל]חקוק פיר' שלעזרה. It is preceded by the Pseudo-Saadiah's commentary on Daniel, which commences ס'ע'ד'יני י'ה' הגואל לבאר סליק פיר' דניאל בסיוע רב וגואל and ends פי' דניאל[3].

3. Three different writers quote this commentary in the name of Rabbenu Saadiah. The existence of these quotations in the present commentary having escaped notice, they have been naturally adduced as evidence that the Gaon wrote a commentary on Ezra (see Steinschneider's *Catalogus Librorum Hebraeorum in Bibliotheca Bodleiana*, p. 2195).

[1] Dr. Lattes writes to me : 'Le parole del frontispizio : פירו' עזרא עוד לרבינו סעדיה נאון זצ"ל sono di carattere più piccolo ed appariscono scritte da una mano diversa da quella dell' amanuense del codice ; manca ogni indicazione per la data, però a me sembra *non* debbano essere posteriori molto al codice.'

[2] A fourteenth has perhaps to be added. Zunz (*Zur Geschichte und Literatur*, p. 71) says that Luzzatto possessed a manuscript of the Daniel-commentary. It is not mentioned in the catalogue of his books and manuscripts, and I do not know where it is now.

[3] Friedländer has noticed this codex in his *Essays on the Writings of Ibn Ezra* (p. 211). He says of the introductory and concluding verses of the Daniel-commentary, 'both rhymes have probably been added by a Christian Hebraist.' But the מלך צור ישראל שבמאמרו הכל היה חזקיני לכתוב פיר' דניאל שפירש רב in משה חזק סעדיה which follows the introductory rhyme would point rather to a Jew. He says that the MS. is of the 13th century.

a. Azulai (*Shem ha-Gedolim*, under רבינו סעדיה גאון) observes that the author of the *Shibbole ha-Leqet* quotes a commentary on Ezra by the Gaon. The passage which Zedekiah Anav quotes is to be found in our commentary on Neh. viii. 10: ורבינו סעדיה גאון כתב בפירוש ספר עזרא שפירש ובראש השנה אסור להתענות בין מדברי תורה בין מדברי קבלה בין מן הברייתא בין מן התלמוד מדברי תורה מניין ששוח הוא לכל המועדות שנאמר בו מקרא קדש כמו שנאמר בכולם וקרוי חג ככל החגים שנ' תקעו בחודש שופר בכסא ליום חגינו וכו'. Zunz (*Bikkure ha-Ittim*, xi. 84; *Kerem Chemed*, v. 152) has called attention to the same passage as found in the compendium of the *Shibbole ha-Leqet* called *Tanya* (ed. 1514, § 72; ed. 1565, fol. 102 b). It is worth observing that Jechiel, the copyist of the Milan MS., was the son of Zedekiah b. Abraham's cousin, and the *Tanya* has been attributed to him amongst others (see Steinschneider, *Cat. Libr. Hebr. in Bibl. Bodl.*, p. 2771).

b. Zedner (*Auswahl historischer Stücke*, p. 264 n.) has noticed that Solomon of Urbino in his *Ohel Moed* (written in 1480, printed at Venice in 1548) quotes Saadiah's explanation of כפורי, a word which occurs only in Ezra and Chronicles. The author of this dictionary says (s. v. זרק), והמפרשים פירשו כפורי זהב כמו כפות ורבינו סעדיה פי' כפורי רדויי טסין של זהב. This clearly refers to the present commentary on Ezra i. 10.

c. Zunz has further observed (*Kerem Chemed*, v. 152) that Azariah de Rossi has quoted Saadiah's commentary on Ezra. Zunz found the quotation in a manuscript note (autograph?) of the author on the margin of a copy of the first edition of his *Meor Enayim*[2]: וכן תמצא בפירוש עזרא

---

[1] Mich. MS. 231, fol. 239 a. The edition (1546) reads on fol. 41 b, רבינו סעדיה ורבינו סעדיה ז"ל פירש בפירוש עזרא ובראש. *Tanya*, § 72, גאון ז"ל כתב ובר"ה אסור וגו' השנה וגו'.

[2] The Bodleian Library possesses a copy of the *Meor Enayim* (Mantua, 1574) with the author's marginal notes in his own handwriting (Opp. Quo. 875), as is proved by comparing the autograph MS. of his *Matsref Lakkesef* (Mich. 308, ol. 503). The margins have been unfortunately cut in the binding, and we find (fol. 70 b) תמצא בפירוש עזרא לרבינו [ ] יה גאון (sic) על הכתוב ולו אנחנו וגו'. Another copy of the same edition 'avec notes en marge MSS. par l'Auteur' (Saraval Catalogue, No. 1009) is in the Seminar-Bibliothek, Breslau. The reading (collated for me by Professor Grätz) agrees with that given by Zunz. Respecting Michael's copy (No. 2126) see Zedner in Steinschneider's *Hebraeische Bibliographie*, iv. 79.

לרבינו סעדיה על הכתוב ולו אנחנו זובחים וכו' שכתב וזה לשונו עד
היום הזה מכלל שלא שבו לארץ ישראל לפי שהיו בהם צדיקים
ונביאים והיו יודעים שבית המקדש עתיד ליחרב פעם אחרת ועתידין
ישראל ללכת בגלות וישבו שם בארץ אמור וכו' עיין שם ע"כ:

This is *verbatim* our author on Ezra iv. 4.

The external evidence is, therefore, in favour of Saadiah Gaon being
the author of the commentary, but is not supported by the internal
evidence, which, however, certainly connects it with, if it does not prove it
to be by, the author of the commentary on Daniel formerly attributed to
Saadiah Gaon[1].

It is certainly singular, when we consider that in eleven out of thirteen
codices this commentary on Ezra is preceded by the Pseudo-Saadiah's
commentary on Daniel, that no scholar should have made remark on the
similarity of the tone, phraseology, and explanations of the two com-
mentaries[2].

1. In both commentaries (but to a larger extent in that on Ezra)
explanations are frequently introduced from the Talmud or Midrash,
and generally without any form of quotation.

2. Both writers are fond of etymological explanations of proper names,
and foreign and other rare words :—

Compare the notes on the following words in Daniel: (i. 2) שנער;
(i. 11) עבדנגו, (i. 7) שדרך, מישך, בלטשאצר, מישאל; (i. 3) אשפנז;
אשפים, (i. 20) ; פרתמים (i. 3) . אולי (viii. 2) ; בלשאצר (v. 1) ; מלצר
אדרגזריא, אחשדרפניא (iii. 2) ; מכשפים, כשדים (ii. 2) ; חרטמים
דחון (vi. 19) ; תפתיא, דתבריא.

---

[1] Since Rapoport's well-known article (1828) in the *Bikkure ha-Ittim* (ix. 34) no longer
ascribed to the Gaon. It may, however, belong to a later Rabbi of the same name.

[2] J. B. de Rossi (*MSS. Cod. Hebr.*, Cod. 308) says : 'Cujus sit Comm. in Esdram, nostri
codicis titulus non prodit, et ut antiqui sane scriptoris est, non temere conjiceret quis-
piam ipsius Saadiae esse, vel R. Binjam.' I suspect that the only reason he had for
suggesting these two names was the fact that his codex also contains Benjamin b.
Judah's commentaries on Proverbs and Chronicles and [Pseudo-] Saadiah on Daniel ;
otherwise he would not have offered the alternative of choice between two writers,
who in point of style are so different, and in point of time lived over three hundred
years apart (for in De Rossi's time the Pseudo-Saadiah was the Gaon).

3. In both commentaries Gematria is employed :—

Dan. i. 6 .י״מ מתחלף בגימטריא אתב״ש (יואב=מואב),

Dan. ii. 8 .בגימטריא ג׳ מתחלף עם רי״ש אתב״ש גר (פת בר=פת בג)

.בחילוף בי״ת עם מ״ם באלב״ם (זמנין=זבנין)

4. In both commentaries a mystical signification is said to lie in the absence or presence of a letter in certain words :—

Ezra iv. 2 ולא כת׳ ולו קרי שלא היו זובחים (ולא אנחנו זובחים),

Ezra iv. 5 כת׳ (וסוכרים עליהם יועצים). אליו מאהבה אלא מיראה

בסמך לקיים מה שנ׳ יסכר פי דוברי שקר כי בלבל הב״ה עצתם

Neh. xiii. 16 דג מלא א׳ על חלול השבת (מביאים דאג), אחרי כן

Dan. i. 20 ולמה כתוב חרטמים (חרטמים), שהיו מביאים דאגה לעולם

(נבוכדנצר), Dan. ii. 1 חסר וי״ו ששואלין בקברות בחורי טימי מתים

Dan. ii. 3 חסר אל״ף שמאותו היום נגזר עליו חסרון מלכות בבל

ופירשו רבותינו הואיל ונכתב ותתפעם בשני תוי״ן שנטרף (ותתפעם)

בשני טירופין על ששכח החלום ופתרונו שבפרעה אמר ותפעם ששכח

Dan. v. 1 ולמה גרע טי״ת מן בלשאצר (בלשאצר), הפתרון וזכר החלום

ולא קרא אותו בלטשאצר משום ששלח יד בכלי בית ה׳ ופתרון

.בלשאצר בלש אוצר מחפש אוצר

5. Neither commentary contains a single grammatical remark.

6. In both commentaries only two etymological terms are used (with the exception of יסוד (Dan. iii. 2), בהפיכת התיבה (Dan. vi. 15), and תיבה הפוכה (Dan. vi. 19)). A letter is said to be redundant (יתירה) or to be changed (מתחלפת) :—

Dan. xi. 7 כן (כנו), בל ובלו חד הוא וי״ו יתירה (בלו) Ezra iv. 13

Ezra iv. 19 ומלחמות כמו ויאבק מתרג׳ (ואשתדור), רי״ו יתירה

Ezra vii. 11 ואשתדל למ״ד מתחלפת עם רי״ש כמו וארו ואלו

Neh. iii. 30 נגד לשכתו (נגד נשכתו), פתשגן ר׳ מתחלף עם ת׳ (פרשגן)

Neh. xii. 44 הלשכות נ׳ מתחלפת עם (הנשכות), נ׳ מתחלף עם למ״ד

Dan. i. 8 וכן לחם מגואל ופירשו מגועל בחילוף אל״ף (יתגאל), ל׳

Dan. vii. 5 ואלו פשר אחד רי״ש מתחלף עם למ״ד (וארו), בעי״ן

Dan. xi. 43 ‏.כיוצא בו מזלות מזרות רי"ש מתחלף עם למ"ד‎
‏(במסעדיו בחילוף סמ"ך בצד"י ,(במצעדיו‎. See also the instances under Gematria.

7. In neither commentary is the name of a single grammarian, lexicographer, or commentator quoted. The quotation from Mattathyah Gaon at Dan. vi. 15 cannot be considered an exception. In both commentaries ‏יש אומרים‎ is frequent, and ‏יש פותרים‎ occurs in both (Ezra vi. 11; vii. 23; viii. 27. Dan. ii. 46; iv. 22, 32, 34; v. 12; vi. 15; ix. 24; x. 6). ‏(דבר אחר) ד"א‎ is used in both, but ‏(פירוש אחר) פ' ד"א‎ is found only in the Daniel-commentary.

8. The constant reference to the Targum in the form ‏מתרגמין‎ (already referred to) is a characteristic feature of both commentaries; it is of especially frequent occurrence in the Chaldee parts of Daniel and Ezra.

9. The commentator on Daniel, speaking in his own person, generally uses ‏בדעתי‎. The only place where the commentator on Ezra expressly states his own opinion is Ezra vi. 15, but there he also says ‏בדעתי‎ (as mentioned above). Writers more commonly say ‏על דעתי‎ or ‏לפי דעתי‎.

10. There is a remarkable agreement in the explanations of certain words or expressions common to the books of Daniel, Ezra, and Nehemiah. And in both commentaries there is the same indecision and want of precision in interpretation.

a. Dan. iii. 29, ‏נולי. הוא מקום מופקר ומנוול למוצאות ולאשפה‎.
Dan. ii. 5, ‏נולי. בוזה ואין לו דמיין וי"א נולי לשון מנוול כדומן‎
Ezra vi. 11, ‏וביתה נולו. רצואה כאבוס של בהמות. ד"א נולי חריבה‎
‏יתעבד. וביתו הפקר נעשה על זאת שנ' הנה בית המן נתתי לאסתר‎
‏ואותו תלו על העץ על אשר שלח ידו ביהודים ויש שפותרין נולי‎
‏מקום אבוס בקר ומנוול בדומן צפיעי הבקר וכולו ענין אחד כי כאשר‎
‏יבתו המלכים בתי האויב אז יחריבו התקרה והמעזיבה להיות חרבן‎
‏עולם תשמה ירבצו הבקר והסוסים וכל בהמה נעשה מקום מנוול‎
‏מגללים.‎

It will be observed that the commentator on Daniel explains ‏נולי‎ in two different ways in the same commentary, by ‏מקום מופקר ומנוול‎

in one place and by בחזה in another place, in the latter passage adding
as the explanation of others that which he has himself adopted in the
former passage. In the note on Ezra vi. 11, the commentator gives
הפקר and מנוול as two different explanations, though he says they
both come to the same thing, and his summing-up in this note looks as
if he had in mind the explanations בחזה and חריבה expressly mentioned
on Dan. ii. 5.

b. Ezra vi. 9, ומה חשחן. ומה הושׁשׁין כלומ׳ ממה שׁיש להם
שׁאר חשׁחות. ויותר חסרון אשר יחסר לבדק. Ezra vii. 20, מחשבה.
בית האלהים כמו ומה חשחן ומה חסרון יש להם ויש אומ׳ חשחות
וחשׁחן לשׁו׳ חושׁשׁ הוא כי העושׂה מלאכה מרובה מחשבה גדולה יש
לא חשׁחין אנחנא. אין Dan. iii. 16, לו עד גומרו שמא יחסר לו דבר
אנו חושׁשׁין אין אנו צריכין להשׁיבך על זה הדבר.

In this case the commentator on Ezra explains the same word dif-
ferently in the same commentary. At Ezra vi. 9 he explains ומה חשחן
by ומה הושׁשׁין, and at vii. 20 by ומה חסרון יש להם, adding, again,
as the explanation of others that which he has himself given on vi. 9.
He similarly explains that the two explanations come to the same thing.
On Dan. iii. 16 he combines, as if they meant the same thing, the two
different interpretations, אין אנו חושׁשׁין *we are not anxious*, and אין אנו
צריכין *we are not obliged*.

c. Ezra iv. 22, וזהירין הוו שלו למעבד על דנא. להיות להם שלו
ובטול כמו לא תשׁלה אותי כלומ׳ לעזוב המלאכה ולבטלה על זה
הדבר. Ezra vi. 9, די לא שׁלו. בלא שׁגגה ובלא פשׁיעה אלא כרצונם
Dan. vi. 5, שׁלו. פשׁע ושׁגגה ויש אומרים שׁלו רישׁול כמו לא תשׁלה
לא תתרשׁל.

In both commentaries שׁלו is explained by both *deliberate wickedness*
and *unintentional mistake*. The explanation of other commentators by
שׁגגה alone would call for no remark. In the note on Ezra iv. 22 he
seems to prefer another interpretation, which is mentioned on Dan. vi. 5.
This uncommon explanation of לא תשׁלה (2 Kings iv. 28) is given in
Isaiah di Trani's commentary on Ezra (see below, p. xxii), but Rashi

explains it לא תטעה, Kimchi לא תשגה, לא תשגה (in commentary),
(in *Shorashim*), Targum לא תנסיס יתי. Parchon explains לא תשלו
לא תטעה by לא תשלה, but לא תתרשלו (2 Chron. xxix. 11).

d. Ezra iv. 19, ואשתדל למ״ד ויאבק מתרג׳ כמו ומלחמות. ואשתדור
מתחלפת עם רי״ש כמו וארו ואלי ופי׳ והנה וכן ואשתדור ואשתדל
לשון מלחמות הוא וכן הוא אומ׳ ויאבק איש עמו מלמד שנלחם
המלאך עד שעלה אבק רגליהם עד כסא הכבוד ועל כן נדע כי
הוה משתדר. מתעסק ונלחם. Dan. vi. 15, אשתדור מלחמות הם וגו׳
ונאבק עם שריו כדי להצילו ויאבק מתרגמין ואישתדל רי״ש מתחלף
עם למ״ד כמו ואלי וארו ופתרון שניהם והנה.

e. Ezra iv. 13, בלו. זה כסף גולגלתא כמו בקע לגלגלת מס לשלטון
וכן כת׳ ועל דניאל שם בל לשזבותיה כופר ממון להצילו כמו איש
ועל דניאל שם בל. Dan. vi. 15, שם כופר נפשו בל ובלו חד הוא
לב בהפיכת התיבה כמו כבש כשב שמלה שלמה וי״א שם תחבולות
ופותרין בל בלילות דברים ופיוס אמרים וי״א כח ושכם. ד״א ועל
דניאל שם בל לשזבותיה שם כופר ממון להצילו כמו שנאמר מנדה
בלו והלך וגרסינן בנדרים אמר רבא שרי ליה לצורבא מרבנן למימר
צורבא מרבנן אנא דלא למיתן כרגא שנאמר מנדה בלו והלך מנדה
זו מנת המלך בלו זו כסף גולגלתא והלך זו ארנונא כלומר על
דניאל שם כופר ממון להצילו כמו שנאמר ואם כופר יושת עליו שרצה
לפדותו בממון ולא יכול כך פירש רב מתתיהו הגאון ז״ל.

f. Neh. ii. 6, והשגל יושבת אצלו. נשאו ונתנו חכמים בדבר זה אומר
כלבתא וזה מלכתא והעמידו דבר על בירורו כי שגל מלכתא כאמור
שגלתיה. אשתו ששכב עמה . . . ואית. Dan. v. 2, נצבה שגל לימינך
דאמרי כלבתא שהיתה חביבה עליו כשגל כאשת משכב חיקו.

g. Neh. i. 5, האל הגדול והנורא. ולא אמר הגבור לפי שראה בניו
דניאל. Dan. ix. 4, מסורין בקולרין ובית מקדשו חרב׳ ואיה גבורתיו
אמר האל הגדול והנורא ולא אמר הגבור לפי שראה בניו מסורין
בקולרין ואיה גבורתו ולמה אמר הגדול וגו׳.

h. Ezra ix. 3, אשתומם. שתק ונאלם. משוממם. כמו שותק. Dan. iv. 16,
ואשתומם. לשון שתיקה כמו שלשת ימים משמים Dan. viii. 27,

As regards the matter of the books of Daniel and Ezra there are only
two points in the commentary which allow of comparison, and here there
is agreement and disagreement.

a. The list of the kings of Persia in the commentary on Ezra agrees
with the list given in the commentary on Daniel. At Ezra iv. 5 they are
given thus :—1. Darius the Mede (1 year); 2. Cyrus his son (3 years);
3. Ahasuerus (14 years); 4. Cyrus his son, who is called *Artaxerxes*
(32 years); 5. Cyrus, son of Esther, who is Darius the Persian. At Dan.
xi. 2 the list is as follows :—1. Darius the Mede; 2. Cyrus the First;
3. Ahasuerus; 4. *Artaxerxes;* 5. Darius who is Cyrus[1].

These two commentaries seem to stand alone in this agreement. The
Seder Olam Rabba, Saadiah Gaon (according to Ibn Ezra), and Rashi
give four kings :—1. Darius the Mede; 2. Cyrus the Persian; 3. Aha-
suerus; 4. Darius the Persian. Ibn Ezra gives five :—1. Darius the
Mede; 2. Cyrus the Persian; 3. Ahasuerus = Artaxerxes the First;
4. Darius the Persian, son of Esther; 5. Artaxerxes. Moses ha-Kohen
ha-Sefardi (in Ibn Ezra) makes six kings :—1. Darius the Elder or the
Mede; 2. Cyrus the Persian; 3. Ahasuerus; 4. Artaxerxes; 5. Darius
the Persian; 6. Artaxerxes the Rich.

b. In the interpretation of Jer. xxix. 10 there is an awkward disagree-
ment. The commentator on Daniel (ix. 2) says : הדבר שאמר לפי
מלאות לבבל שבעים שנה ודניאל טעה בזה החשבון לפי שירמיה אמר
אפקוד על בבל והוא חשב בדעתו זה שאמר ירמיה אפקוד אתכם
בשביל הבניין לפי שראה שלשלמו שבעים שנה לחרבות ירושלם
והתחיל דניאל מתחנן לפני הקב"ה וזו הפקידה אינה על ישראל
כשם שנ' על ידי ירמיהו כן עשה נחשוב משנה הרביעית ליהויקים
שמלך נבוכדנצר ומאז ועד שהפקידם כורש הראשון להעלותם לירושלים
עברו שבעים שנה ואלה מספרם מ"ה שנה מלך נבוכדנצר אויל מרודך
כ"ב תן שנה לזה ולזה נשארו כ"א כלול אותם עם מ"ה והם ס"ו שנה
בלשאצר מלך שלשה שנים הרי ס"ט ודריוש המדי אשר הומלך על

---

[1] Cyrus the Great is probably a sixth, the same as Cyrus the Last in the note on
Ezra i. 2. Compare the note on Dan. i. 21.

מלכות כשדים מלך שנה אחת הרי שבעים שנה ומיד מלך כורש
והעלם לארץ ישראל כמו שאמר הכתוב ע"י ירמיהו:

The Rabbies generally say that Daniel counted the seventy years from
a wrong date, namely, the subjugation of Jehoiakim in the second year of
Nebuchadnezzar, and that he ought to have counted from the destruction
of the temple in the nineteenth year of Nebuchadnezzar, the seventy
years ending with the second year of Darius.

The commentator on Daniel seems to say that Daniel's mistake was in
the matter of the event at the end of the seventy years, and not in the
calculation of the years from a wrong date. He says, indeed, that Daniel
calculated rightly from the *first* year of Nebuchadnezzar (Nebuchad-
nezzar, forty-five years; Evil Merodach and Belshazzar, twenty-four;
Darius, one), but that Jeremiah's prophecy had reference only to the
departure from Babylon, and not to the building of the temple (as Daniel
thought). He says that they go up to Jerusalem in the first year of
Cyrus, who succeeded Darius the Mede.

The commentator on Ezra says (i. 2) that Jeremiah meant 'seventy
years after the destruction of Babylon I will visit you,' and that 'from
the destruction of Babylon by Cyrus the First in the days of Belshazzar
to the first year of the last Cyrus are seventy years[1].' He remarks
(iv. 5) that Ezra and his company began to build the temple in the first
year of Ahasuerus, at the bidding of Daniel, but the work was stopped, be-
cause it was before the appointed time, for Daniel miscalculated the seventy
years from the fourth year of Nebuchadnezzar. He also says (iv. 5) that
in the first year of Cyrus, son of Esther, who is called Darius (not Cyrus,
who succeeded Darius the Mede), they go up from Babylon.

But the commentator on Daniel does not agree with himself, for he
says on ix. 24 that the seventy years of the captivity date from the
destruction of the temple (in the nineteenth year of Nebuchadnezzar) to
the second year of Darius, which does not accord with the above note on
ix. 2 (where he calculates them from the *first* year of Nebuchadnezzar).

---

[1] But he does not say how he makes out these seventy years. According to his
computation on Ezra iv. 5 they are only fifty-one years (Darius the Mede one year,
Cyrus three years, Ahasuerus fourteen years, Artaxerxes thirty-two years, Cyrus, son
of Esther, one year), if Cyrus the Last is Cyrus, the son of Esther. But Cyrus the
Last may be Cyrus the Great of Dan. xi. 2.

Nor does it agree with his note on xi. 2, where he gives five kings of Persia, Darius the Mede, Cyrus the First, Ahasuerus, *Artaxerxes*, Darius who is Cyrus. For seventy years from the destruction of the temple to the second year of Darius can be reckoned only in one way—twenty-six years for Nebuchadnezzar (for he reigned forty-five years, and the temple was destroyed in his nineteenth), twenty-four for Evil Merodach and Belshazzar together, one for Darius, three for Cyrus the Persian, fourteen for Ahasuerus, and two for Darius. Where, then, are the years of the reign of Artaxerxes?

But who was this Pseudo-Saadiah with whom we associate our author? and when did he live?

Dukes (*Beiträge*, p. 110) thinks he was a French Jew who lived in the 13th or 14th century, and possibly identical with the author of the Masoretic poem, beginning אהל מכון בניני. In H. J. Michael's opinion (*Kerem Chemed*, v. 244) he was the poet R. Saadiah b. Nachmani. Fuerst in his *Concordantiae* (under בל, דחוא, נולי, and elsewhere) quotes the commentator as Saadiah b. Joseph Bekhor-Shor[1]; but in his *Bibliotheca Judaica* (i. 95, iii. 181) he distinguishes the two writers, placing the commentator under the heading 'Sa'adja (um 1130)' with the note 'Er war Zeitgenosse des Jakar.' Here he has adopted Rapoport's identification in the *Bikkure ha-Ittim* (ix. 35), which has been generally accepted[2]. The following is a summary of Rapoport's evidence. The Pseudo-Saadiah on Dan. x. 3 gives a singular interpretation: גם דעתי לומר על בשר דגים ועופות תורים ובני יונה איל וצבי וכיוצא בהם הוא אשר לא באו אל פיו כל אותן שבועים בהתאבלו על ירושלם שאם תאמר בשר בקר וצאן לא יתכן לומר כן לפי שלא אכלו בני הגולה בשר בקר וצאן בגלות בבל כי לא ראוי להשחט כי אם בשעריך בארץ הקדושה למען זרוק הדם וקטר החלב וכן יין לא שתה אותן שלשה שבועים: Rapoport found a passage in the *Shibbole ha-*

---

[1] But under אחשדרפן he says: 'Mire Saadja, qui inter ipsos Persas aetatem degit, hoc vocabulum explicat אחים שדרים פנימה.' This explanation is given in the Pseudo-Saadiah's commentary. I do not know if it is also found in the name of the Gaon.

[2] So Zunz (*Zur Geschichte und Literatur*, p. 71): 'Saadia, Zeitgenosse des Jakar, eines Schülers des in Worms lehrenden Kalonymos aus Rom . . . . ist Verfasser des in den Bibelausgaben gedruckten Commentars zum Daniel.'

Leqet, where, according to him, a similar (?) opinion is stated in the name of Saadiah Gaon: ומצאתי בשם רב סעדיה גאון זצ"ל שמי"ז בתמוז עד ט' באב הן הימים האמורין בדניאל שהתענה שלשה שבעים ויש נזהרין בהן שלא לוכל בשר ושלא לשתות יין כדכת' ויין לא בא אל פי וסוך לא סכתי[1]. This passage, however, he found was taken from the *Sefer ha-Roqeach*, where *Gaon* is omitted: ואמר רב סעדיה ג' שבעות שמי"ז בתמוז עד ט' באב הם רמחים בדניאל שהתענה ג' שבעות וצריך להתענות מבשר[2]. This, again, he found was copied from the *Liqqute ha-Pardes*, a work by 'a pupil of Rashi[3],' in which, however, Jakar (whom the context shows to be the speaker) says, 'and R. Saadiah said *to me*,' ואמר לי רבינו סעדיה ג' שבעות שמי"ז בתמוז עד ט' באב חן רמחים בדניאל שהתענה ג' שבעים וצריך להתענות מבשר[4]. As neither Jakar[5] nor any pupil of Rashi, who died in 1105, could have had communication with the Gaon who died in 942, it is clear that this Rabbi must be another R. Saadiah contemporary with Rashi. This is what Rapoport says. The value of his identification depends entirely on the agreement between the opinion expressed by R. Saadiah to Jakar and the interpretation given in the commentary on Daniel. But the quotation from the *Liqqute ha-Pardes* and the passage in the commentary agree only in this, that they both speak of fasting and three weeks. Any two writers speaking of Dan. x. 3, 'I ate no pleasant bread, neither came flesh nor wine in my mouth,

[1] MS. Mich. 231, fol. 228 b. In the edition (1546), fol. 39 a, col. 1. Schorr (*Zion* I. 96 n.) notices a MS. of the *Shibbole ha-Leqet* in which this explanation is given in the name of Eleazar of Worms (author of the *Sefer ha-Roqeach*).

[2] Ed. 1505, § 311.

[3] So Rapoport says, but the compiler was Samuel Babenberg or Bamberg (about A. D. 1220). See Steinschneider, *Cat. Libr. Hebr. in Bibl. Bodl.*, p. 2410.

[4] Venice ed., 1519, fol. 16 a, col. 2.

[5] Jakar was a pupil of Kalonymos of Rome. *Liqqute ha-Pardes*, fol. 16 b, col. 2, אלו שאילות שאלתי אני יקר בן [מן in *Sefer ha-Roqeach*] רבינו קלונימוס מרומא נ'ע; fol. 16 a, col. 2, ושאלתי מר' משה בר' יקותיאל; *Shibbole ha-Leqet*, MS. Mich. 231, fol. 228 b, ואני יקר שאלתי מרבינו; fol. 229 b, שאל הר' יקר מלפני רבינו קלונימוס מרומא קלונימוס.

neither did I anoint myself at all, till three whole weeks were fulfilled,'
must be expected to agree so far.   But R. Saadiah in the *Liqqute ha-
Pardes* and R. Saadiah in the commentary have nothing in common
in what they say respecting the fasting and the three weeks.   The
commentator says that '*flesh* means fish, poultry, game, etc., and that it
could not mean at all the flesh of oxen and sheep, for the children
of Israel never ate the flesh of oxen and sheep during their captivity
in Babylon.'   But R. Saadiah says nothing of this to Jakar.   Jakar's
contemporary said that Daniel's three weeks point to the three weeks
between the 17th of Tammuz and the 9th of Ab.   But the commentator
says, 'He fasted three weeks, and *on the 21st of Nisan, the end of the
three weeks*, he saw by the river Hiddekel a man clothed in linen
garments.'   The quotation in the *Liqqute ha-Pardes* proves the existence
of a Saadiah contemporary with Jakar, but, as regards the commentary on
Daniel, it proves, if it proves anything, that this Saadiah was not the author.
The opinion of the commentator on Daniel and the opinion of Jakar's
contemporary are both refuted in an Arabic commentary, of which large
fragments have been recently acquired by the Bodleian Library, and
which will be entered in the Hebrew Catalogue (Opp. Add. Fol. 64) as
Saadiah Gaon's commentary on Daniel:—וקולה לחם חמדות לא אכלתי ובשר

يعني يكشف لنا ان اسرائيل فى الجالوت ليس بحرم عليهم اكل اللحم ولا شرب الخمر ولا
الملاذ للحلال من اجل خراب القدس .... فلما وجدناه فرد (80) احد وعشرين يوما لم ياكل
فيها من هذه الاشياء علمنا انه كان ياكلها قبل احد وعشرين يوم[ا] وبعدها .....
وقد يظنّ ان هذه الاحد وعشرين يوما التى من شبعة עשר בתמוז الى תשעה באב وهذا
ظنّ خطأ من جهات اولا لان שבעה עשר בתמוז ותשעה באב انما هى من رسوم خراب
البيت الثانى. واما البيت الاول فان رسوم خرابه تسعة فى תמוז وعشرة فى אב لان
בתשעה .... בעשור לחדש וישרף את בית יי بينهما ثلثين يوم[ا] وقال عنه ובים עשרים
וארבעה לחדש הראשן ואני הייתי על נהר كبر فقد تبين [ان] الاحد وعشرين يوما من
بعد ذ فى ניסן والى هذا اليوم المشروح فان دخلت ايام מועד הפסח فى جملتها فغير منكر

'And when he says, "I ate no pleasant bread, neither came flesh nor
wine into my mouth," it is evident to us that Israel in the captivity was
not prohibited from eating meat and drinking wine and enjoying what is
lawful because of the destruction of Jerusalem. . . . And since we find

it was only twenty-one days that he did not eat, we know that he must
have eaten before the twenty-one days and after them.'... 'Some think
that the twenty-one days are from the 17th of Tammuz to the 9th of Ab,
but this is a wrong idea from many points of view; in the first place,
because the 17th of Tammuz and the 9th of Ab are commemorative of
the destruction of the second temple, but the dates of the destruction of
the first temple are the 9th of Tammuz and the 10th of Ab, for on the
ninth of the fourth month the city was broken up, and on the tenth of
the fifth month it was burned (Jer. lii. 6, 12); between these days are
thirty days; but he says, "On the twenty-fourth day of the first month
I was by the river Chebar," which makes it clear that the twenty-one
days are from the 3rd of Nisan to the day determined, and it is not unknown
that the feast of the passover comes within this period.'

We must add a few remarks on the commentary on Chronicles attri-
buted to Rashi, so far at least as that commentary has been connected
with the name of a Rabbi Saadiah. It has been concluded by eminent
scholars from an allusion in the Tosafoth Joma, that the Pseudo-Rashi
was a pupil of some Rabbi Saadiah, who must have lived in the earlier
half of the 12th century[1]. Rapoport (who was the first to make this
identification) has stated the evidence very lucidly in the *Bikkure ha-
Ittim* (ix. 35). The authorship of the commentary has been treated at
length by Weisse in the *Kerem Chemed* (v. 232-244). The facts and
the conjectures are these. Azulai (*Shem ha-Gedolim*, s. t. רש"י) says:

רש"י פירש תנ"ך אך פירוש דברי הימים אינו מרש"י.... והתוספות
ביומא דף ט' ע"א כתבו וה"ר יעקב בש"ה ז"ל[2] בשם רב יקותיאל
הלוי מוירמישא דעזריה לא היה בימי שלמה [אלא היינו עזרי' שהיה

---

[1] Zunz (*Zur Geschichte und Literatur*, p. 73) says : 'Der ungenannte Commentator
der Chronik, aus der Rheingegend, ein Schüler Saadia's, citirt in seinem, gegen A.
1130 bis 1140 in Narbonne verfassten, Commentare folgende Autoritäten.' In his
Literaturgeschichte der synagogalen Poesie, p. 178, he says : 'Saadia, vielleicht der
eben genannte oder der um 1130 lebende Commentator, welchen ich für einen Schüler
Elasar's b. Meschullam halte, כך פירש מורי בשם רבו ר' אלעזר בן רבינו משלם (cod.
München 5 Commentar der Chronik.).' Benjacob says that the commentary attributed
to Rashi is by a Rabbi Saadiah (*Ozar ha-Sepharim*, No. 227, p. 463 [what does תלר"ק
mean ?]), and by a Rabbi Saadiah with additions by his pupils (*ib.*, No. 225, p. 462).

[2] In the edition of the Tosafoth אמר לנו.

בימי עוזיהו ולפי שמסר נפשו על עבודת בית המקדש כשבא עוזיהו
לשרת וחירף אותו כדכת' בדברי הימים לכך נקרא על שמו ויישר
לפניו]¹. ושוב מצאתי² כן בפירוש ד"ה שפירשו תלמידי רב סעדיה ז"ל
עכ"ל. וכן הוא בפירוש ד"ה א' סי' ה' שבידינו. From the notice in the
Tosafoth Joma that this explanation of 1 Chron. v. 36 is found in a com-
mentary on Chronicles by pupils of Saadiah, combined with Azulai's
observation that the same explanation is found in the commentary on
Chronicles attributed to Rashi, it has been concluded that these two
commentaries are one and the same³.   If we identify the commentary
by pupils of R. Saadiah with the commentary by the Pseudo-Rashi, it is
not unreasonable to assume that this R. Saadiah (who could not have
been the Gaon) was a Provençal Rabbi of Narbonne.   For the author, or
one of the authors, says מפי ר' יצחק (1 Chron. xx. 2), ושמעתי בנרבונא
כן אמר לי ר' יצחק (1 Chron. xviii. 3), בר שמואל בנרבונא שמעתי כן
בר שמואל מנרבתא (2 Chron. xxiv. 14)⁴.   David Kimchi perhaps alludes
to the Pseudo-Rashi's commentary in the preface to his commentary on
the Chronicles, לא ראיתי לאחד מן המפרשים שהשתדלו בפירושו
אלא שמצאתי הנה בנרבונא פירושים בזה הספר לא ידעתי שמות
מחבריהם וראיתי כי הולכים דרך הדרש ברוב, for later on in his com-
mentary he makes in many places (Rapoport says) quotations simply in
the name of מפרש, which are to be found in the commentary attributed
to Rashi.   That this Saadiah must have lived in the earlier half of the

---

¹ This within brackets is in the edition of the Tosafoth, but not in Azulai.

² 'Die Tosafot zu Joma sind von Meir Rothenburg' ['gestorben im Jahre 1293']. Zunz, *Zur Geschichte und Literatur*, pp. 40, 46.

³ But Azulai (s.t. רבינו סעדיה גאון) does not identify them.   He says: ופירוש דברי
הימים שבידינו נראה קצת שהוא מתלמידי רבינו סעדיא לפי מ'ש התוס' ביומא . . . . אמנם
לפי סדר זמנים לא אפשר שתלמיד רבינו סעדיא גאון יזכיר רש"י ומרבית רבני צרפת
שהתחברו שם והם שפירוש תלמידי רבינו סעדיא באותו ענין נמצא בפירוש זה שבידינו
אינו ראיה והפירוש הוא מרב אחר קרוב לזמן רש"י שהוא כתב ששמע מבן אחותו של
רבינו משה הדרשן.

⁴ Isaac bar Samuel of Narbonne is also quoted in the notes on 1 Chron. ix. 40 and
xviii. 5.

12th century may be gathered from the authorities whom his pupil quotes[1], some of them being mentioned as the writer's contemporaries.

If then we accept the existence of a Rabbi Saadiah teacher of the Pseudo-Rashi, it is possible he may be the same as the Rabbi Saadiah, to whom the commentaries on Daniel and on Ezra and Nehemiah are attributed[2], or Rabbi Saadiah, contemporary of Jakar. But this identification of the two commentaries comes to nothing on examination. It is idle to attempt to identify the Pseudo-Rashi's commentary with the commentary by pupils of Saadiah, simply on the ground that the explanation about the high-priest Azariah (1 Chron. v. 36) is common to both. For Kirchheim finds the same explanation in the anonymous commentary which he edited[3], and on the same ground identifies his commentary with the one alluded to in the Tosafoth[4], and even gives it the Hebrew title, פירוש על דברי הימים מיוחס לאחד מתלמידי סעדיה הגאון. The passage in his commentary to which he says the Tosafoth refer is this,

---

[1] For these names see Zunz (*Zeitschrift*, pp. 344, 345; *Zur Geschichte und Literatur*, p. 73), Bloch, *Toldoth Raschi*, fol. 14 b, and the article by Weisse. The לעזים in this commentary are French and German, but chiefly German.

[2] The commentary on Chronicles does not seem to share the peculiarities which we find common to the commentaries on Daniel and Ezra. Weisse says of the Pseudo-Rashi (p. 244), סגולת לשון המפרש תשוה ללשון רב סעדיה בדניאל, but Rapoport says והי' נקל עוד לשער שהי' גם הוא המפרש לדניאל . . . . לולא ההפרש הגדול בין (p. 35), דרך פירוש ד'׳ה לפירוש זה.

[3] *Ein Commentar zur Chronik aus dem 10ten Jahrhundert. Zum erstenmal herausgegeben von Raphael Kirchheim*, Frankfurt-am-Main, 1874.

[4] 'Die Tosafoth zu Joma 9a zitiren eine Stelle aus dem Comm. zur Chr., den die Schüler Saadia's verfasst haben sollen. Da sich nun dieses Zitat im vorliegenden Comment. S. 21 befindet, so ist es nicht gewagt, wenn wir denselben mit dem der Tosafoth identificiren.' 'Weiss will den sog. Raschi-Comm. auf Grund dieses Zitats, das sich in demselben findet, den Schülern Saadias zuweisen, nur hätten die Tosaf. denselben nicht vollständig vor sich gehabt (K. C. v. S. 238). Ein Vergleich des R.-C.'s mit dem vorliegenden zeigt aber unverkennbar dass nur dieser aus der saadia'schen Schule hervorgegangen ist. Der unbekannte Verf. des R.-C.'s mag immerhin einiges aus demselben entnommen haben.' Preface, p. iv. But Weiss and those who consider the Pseudo-Rashi to be a pupil of Saadiah do not, of course, mean a pupil of Saadiah Gaon. It is unlikely that the Pseudo-Rashi took this from Kirchheim's commentator, for he expressly says it is an explanation in the Sifre, from which book Kirchheim's commentator also may have taken it.

הוא עזריה אשר כהן. שעמד בפני הכהונה נגד עוזיהו ולא הניחו
להקטיר שנאמר ויבא אחריו עזריה הכהן ועמו כהנים לה׳ שמנים בני
חיל ויאמרו לו צא מן המקדש כי מעלת כאשר פרשו בתחלת הספר.

But the bare statement that the Azariah of 1 Chron. v. 36 is the
Azariah of Uzziah's reign is in neither case sufficient to identify the com-
mentaries, inasmuch as it is an explanation taken from one of the old
Rabbinical books. We should not be, therefore, surprised if we found it
repeated in any and every commentary. The Pseudo-Rashi says : ש״מ ומ

בעזריה הוא אשר כהן בבית מפורש בסיפרי ירוש׳ כך וכי הוא לבדו
כהן בימי שלמה כהן והלא גם שאר כהנים כמו כן כהנו אלא לפי
שמסר נפשו על קדושת הבית שלא הניח את עוזיהו להקטיר לכך
נאמר הוא אשר כהן בבית אשר בנה שלמה והוא עזריה שהיה בימי
עוזיה ובימי חזקידו. Kimchi also gives it as an explanation of the

Rabbies : ורז״ל אמרו שהוא עזריה שהי׳ בימי עוזיהו ולפי שמסר נפשו
על קדושת הבית שלא הניח עוזיהו להקטיר לכך נאמר הוא אשר
כהן כלו׳ שהוא חם על כבוד הכהונה ולא נשא פנים לעוזיהו.

Benjamin b. Judah repeats it from R. Tam (Opp. MS. 25, fol. 173 b):

פירש רבינו תם לא בימי שלמה היה אלא בימי עוזיה מלך יהודה
ולא כהן ממש לומר שהוא היה ראשון אלא שרה בכיהונו וגירש
עוזיה מן הבית כאשר ניגש להקטיר דכת׳ ויפן אליו עזריהו כהן הראש.

There is no good reason, therefore, for identifying the Pseudo-Rashi's
commentary with the commentary by pupils of Saadiah mentioned in
the Tosafoth.

In the absence of any confirmatory evidence it is useless to identify
the commentator on Daniel or the commentator on Ezra (whom we
certainly connect together) with any particular Saadiah. Neither com-
mentary, as we have already observed, contains quotations from authors
which would help us to this end. The character and phraseology of the
two commentaries alone enable us to approximate a date, which we may
fairly place not later than the 12th century, and perhaps as early as
Rashi. As regards the external evidence, both commentaries appear in
manuscripts dated as early as 1285 and 1288. The commentary on

Ezra is, moreover, quoted by Zedekiah b. Abraham Anav, who lived about 1250. It is possible that Ibn Ezra knew both commentaries. He may allude to the commentary on Ezra in his short commentary on Daniel (הנבואה השלישית):—ואחרים השתבשו ואמרו כי זה הכורש הכתוב עליו ובשנת אחת לכורש מלך פרס הוא בן אסתר המלכה ואמר כי פירוש לפי מלאת לבבל שבעים שנה לחרבן בבל והלא ירקרא זה המפרש וישמעו צרי יהודה וגו'. Our commentator begins his commentary זה כורש בן אחשורוש בן אסתר המלכה, and a few lines below, on the passage from Jeremiah (xxix. 10, לפי מלאת לבבל שבעים שנה), remarks, והוא לא אמר לגלות בבל אלא לחרבן בבל. Rapoport (*Bikkure ha-Ittim*, ix. 35) thought that Ibn Ezra, in his commentary on Lev. xvii. 1, refers to the Pseudo-Saadiah's commentary on Daniel (x. 3): ומצאתי עוד שהראב"ע ראה זה המאמר כבר בפירוש המיוחס ופירשהו בפשיטות שהבשר אסור בגולה תמיד לא בב' שבעות לבד עיין ביאורו על ויקרא (יז א) ורבים אמרו שהבשר אסור בגלות ויפרשו בשר ויין לא בא אל פי בשר דג ולא דברו נכונה עכ"ל; והוא ממש דברי הפירוש בדניאל שם המיוחס לגאון ומזה ג"כ קצת ראי' שלא חשב הראב"ע פירוש זה מהגאון שהרי מביאו בסתם בלשון רבים אמרו ולא בשם גאון כדרכו[1].

Possibly the commentary was known also to Isaiah di Trani, whose commentary on Ezra[2], though very different in its general tone, contains many explanations which are found *verbatim* or nearly so in ours. No single instance of the following examples (which might be extended) will warrant such a suggestion, but the several cases of verbal agreement are collectively striking :—

Ezra i. 2 לכל אשר העיר, (לכל העיר) i. 5 ;צוה עלי, (פקד עלי)
זה יהושע, (ישוע) ii. 2 ;מתנות, (במגדנות) i. 6 ;הבורא את רוחו ולבו

---

[1] This argument from the use of רבים אמרו is of doubtful value; compare Dukes (*Beiträge*, p. 98).

[2] It exists in Opp. 25, Opp. Add. Fol. 24, Brit. Mus. Add. 24896, Angelica A. 1. 2.

שהיה מבין בכל לשון והוא (מרדכי בלשן), *ib.* ;בן יהוצדק הכהן הגדול
לומ' שירות על ידי דוד (לנצח על מלאכת), iii. 8 ;מרדכי היהודי
iv. 7 ;וכיון שראו שלא קבלום מיד התחילו להשטין iv. 4, ;ונבואותיו
כלומ' כתב (וכתב הנשתון), *ib.* ;שאר עדתו וסיעתו (ושאר כנוותיו)
תרג' ויכולו (שכלילו), iv. 12 ;במשנה וכפול במכתב ופירושו
זו מנת המלך בלו זה כסף גלגלת והלך (מנדה), iv. 13 ;ואשתכללו
זהירין תהיו לעשות (וזהירין הוו שלו למעבד), iv. 22 ;זה ארנונא
בטול על זאת המלאכה שלא יבנה הבית שלו כמ' לא תשלה אותי
אז באותו הפרק נתנבאו שיבנו (והתנבי חגי), v. 1 ;ענין הנחה ובטול
הבית כי לא תבטל עוד מלאכתם וכן כת' בשנת שתים לדריוש בחדש
הששי: באחד: לחדש היה דבר יי ביד חגי הנביא וכת' עלו ההרה
והבאתם עץ ובנו הבית וארצה בו וכת' בשנת שתים לדריוש היה
דבר יי אל זכריה בן עדוא וכת' לכן כה אמר יי שבתי לירושלם
;אבן שיש כמו ובורמי:דגלללא (אבן גלל), v. 8 ;ברחמים ביתי יבנה בה
ib. (באחמתא), בזריות, and so at vi. 8, 12, vii. 17.   vi. 1 (אספרנא),
ונמצא (באחמתא), vi. 3 ;בחמת שכן דרך בני אדם לשום שטרותיהן
vi. 9 ;וחומותיו מסובלים וגבוהים ונשאים רחבן כגבהן שלא יפלו
(וכל הנבדל), vi. 21 ;ומה שצריכין וחוששין לצרכי הבית (ומה חשחן)
זמן המיוחד (הוא יסוד), vii. 9 ;שגרשו נשים נכריות שהיו להם
;לעליית עזרא מבבל ונתעכב בשושן ומנהו המלך לנגיד על ישראל
vii. 26 ;אם הוא חייב בארבע מיתות בית דין (למות), *ib.* (לשרשי),
viii. 27 ;לשרשו ולעקרו מן העולם על ידי נדוי ושמתא (מוצדהב),
וכאן אומ' בחדש (בחדש כסלו), Neh. ii. 1 ;משתטח (ומתנפל), x. 1 ;מובהק
(ואשא את היין), *ib.* ;ניסן מלמד שמלכי אומות העולם מונים מתשרי
לפי שמנהג' המשקים לפני המלך לטעום היין קדם שיתנו להם מפני
חשד סם המות וזה היה יהודי ולפיכך נקרא נחמיה התרשתא
שהתיר סתם יינן של גויים לשתיה לפני המלכים מפני חשד ומפני
iii. 9 ;משומד היה מבית חורון (סנבלט החורני), ii. 19 ;סכנת נפשות

לשון פליאה, (ויפלו מאד בעיניהם), חצי קרן, (חצי פלך)
vi. 16; (ויסדום to שתיקה), viii. 5, 6, 8 (p. 27, ll. 11–17), almost *verbatim* the
same; viii. 10 (קדוש היום), פרז"ל היום קדש שהיה ראש השנה מיכן
שאסור להתענות בראש השנה ובירושלמי נמי גרסי׳ בתעניות וכל
סביבותיה מתענות ולא מתריעות וכול׳ עד ר׳ עקיבה אומ׳ מתריעות
הכעסות, (נאצות) ix. 18; ולא מתענות שכן מצינו ביום ראש השנה
והגורלות) x. 35; לקיים שמוט כל בעל משה ידו (ומשא כל יד) x. 32
כמו ששנינו במשנה זמן עצי הכהנים באחד בניסן בני ארח (הפלנו
שהוא (ראש התחלה) xi. 17; בעשרים בתמוז בני דוד בן יהודה וכול׳
שהיה זקן ומתענה, (יהודה לתפלה) *ib.*; התחיל תחלה למשמרות
(באכופי השערים) xii. 25; ומתפלל על עיר הקדש שתגמר הבנין בימיו
המה הגבורים המתהלכים, (ותהלוכות) xii. 31; באסקופי השערים
xiii. 19; אזורי חרבות בצד המשוררים ממעל לחומה מפחד האויב
קרוב לעת ערב כשנטה הצל על השערים בערב, (ויהי כאשר צללו)
xiii. 29; אם תעשר פעם שנית, (אם תשנו) xiii. 21; שבת קודם חשכה
על אשר פסלו וגאלו הכהנה שנשאו נשים נכריות, (גאלי הכהנים).

As regards the relative claims of the two commentaries to be by a
Rabbi Saadiah (the appendage Gaon may be dismissed from considera-
tion in both cases), the commentary on Daniel has come down to us
with this name in the title of several[1] manuscripts, whilst that on Ezra
appears with the name in only one manuscript (whether written by the
copyist or added by a later hand seems uncertain), but, on the other
hand, is quoted as Saadiah's by three writers, of whom the first, Zede-
kiah Anav, is rather older than the earliest manuscript of both com-
mentaries. The other two, Azariah de Rossi and Solomon Urbino,
may have taken the name from the Milan MS. That a Rabbi Saadiah
should have been the author of at least one of the commentaries is
supported by the fact that two commentaries, both very similar in tone

---

[1] I have not enquired into the titles in the MSS. of the commentary on Daniel. In
Opp. Add. 4to, 52 and Hunt. 225 both commentaries are anonymous.

and phraseology, have come down to us in this name, one being attributed to R. Saadiah in the majority of manuscripts, and the other in the quotations.

The result of our investigations has been rather to disestablish than to establish conclusions. Where all is unknown conjecture is easy, but opinions supported by names are worth little unless they are also supported by proof. It is to be hoped that data still lie undiscovered in manuscripts, which may enable some future writer to give some satisfactory information about our author or authors, and to speak less of what is only possible or probable.

Opp. Add. Fol. 24 (denoted by O.) is the basis of the following text, with a few better readings introduced from Hunt. 225 (denoted by H.), an inferior manuscript. Opp. Add. 4to, 52 (which ends at Ezra iv. 14) is identical with the latter, and has been noticed only once (O¹). Readings between brackets [ ] are peculiar to the Huntington MS. In the manuscripts there is no break in the commentary between the books of Ezra and Nehemiah, the Jews counting these two books as one.

H. J. MATHEWS.

2, GOLDSMID ROAD, BRIGHTON,
  March 4, 1882.

APPENDIX.

VARIATIONS OF THE MILAN MS.[1]

Page 3, line 10. אחר או'‎; M. אחר מקשה לו.

P. 4, l. 9. הם נרי ארצו‎; M. omits.

   „ l. 19. רידודי מסין‎.[2] M. רקועי פחים ומסין.

   „   „ חלאפא‎; M. חַלָפָא.

P. 5, l. 6. הפסולות לכהונה‎; M. נכריות.

P. 6, ll. 3–5. ישראל to הם‎; M. והן היו לי בית יי לסינ.

P. 7, l. 21. ישר' to נם‎; M. הם שכיני ארץ יש'.

P. 8. l. 2. צדיקים‎; M. נירי צדק.

P. 9, l. 1. נבחוראהן שר הטבחים‎; M. רב מבחים.

   „ l. 12. לו to שמנה‎; M. omits.

P. 10, l. 11. י'נ‎; M. ד'י.

P. 11, l. 2. דינא‎; M. דָנָא.

   „   „ מן פרם‎. Inserted from M.

   „ l. 19. בנדיש‎; M. continues ד"א ואושייא יחיטו על שנוטין קו המשקלת ליישר הבינין שלא יהא אבן נכנס ואבן יוצא. ד"א ואושיא יחיטו ידביקו כחיים הזה התופר ומדביק את הקרעים.

P. 12, l. 10. בעצתינו מהיבנות‎; M. מהבנות בעתתינו.

   „ l. 21. והוא לשׁן בקור‎; M. omits.

   „ l. 22. ואשׁכח to וימצא‎; M. omits.

P. 13, l. 12. עד to רגליהם‎; M. עמו עד שהעלו אבק ברגליהם.

P. 15, l. 18. הוא to דמספר‎; M. אתיא והם משואות אספרנא אדמספר.

P. 16, l. 12. הורשם‎; M. הושם.

   „ l. 14. משם to רחיקן‎; M. omits.

   „ ll. 14, 15. רבים to ומנכסי‎; M. omits.

---

[1] Kindly sent me by Dr. Lattes.
[2] This is the reading of Solomon of Urbino's quotation (p. vi).

P. 17, l. 18. בלי איחור ; M. omits.

P. 18, ll. 6, 7. ושלחו לאביו כדי לתלות את מרדכי עליו ונתלה M. ;המן to ואז נעשה
בו המן.

,,   l. 8. ביתו ייעשה הפקר כמ׳ שאירע להמן M. ;זאת to וביתו.

P. 19, l. 7. בימיי על M. ;על to omits.

,,   l. 19. שעשאם ; M. שעישן.

,,   l. 21. ושניין ; M. ושיגויין.

P. 20, l. 14. והתרג׳ בית כור ; M. omits.

P. 21, l. 9. מרגליות ויש to ; M. omits.

,,   l. 10. זהב ; M. צהוב.

,,   l. 16. בעזרא ; M. בזה הספר.

,,   ll. 19, 20. זהב to ושתי ; M. omits.

,,   l. 22. חמאתא to כמ׳ ; M. omits.

,,   ,,   חמאת ; M. continues הכל עולה ליי פי׳ אפי׳ חמאות הנאכלין אילו לא
נאכלו כעולה והוראת שעה היתה וגם חשבן האילים והכבשים הוראת שעה היתה
כדאית׳ בהוריות ובתמורה.

P. 22, ll. 19, 20. וכת׳ to והוא ; M. omits.

,,   l. 20. אשם ; M. continues ובשפחה חרופה כת׳.

P. 23, l. 15. ביורו ; M. בורין.

,,   ll. 20, 21. הארץ to כמו ; M. omits.

P. 24, l. 5. לשיעורו ; M. לסיאורו.

,,   l. 19. ותמלל ; M. ותמליל.

P. 25, l. 13. זדון ; M. continues ד״א האמללים חתוכים ומזורים כמ׳ דתימ׳ בשם יי כי
אמילם והיו קורין אותן על שם המילה לגנאי. בנימין צעיר ביר׳ אברהם הרופא נ״ע[1]

,,   l. 20. שביה ; M. שבים.

P. 26, l. 18. ומובחרות ומובררות ; M. omits.

P. 27, l. 1. מלבו ; M. continues לש׳ כזב.

,,   l. 5. במגופת ; M. continues פי.

,,   l. 10. איצטבא, איצטוונא ; M. איצטבא.

,,   l. 16. המסורת ; M. המסורות.

P. 28, l. 14. קינסו ; M. זפת.

,,   l. 15. דידין ; M. דִידִן.

[1] Cf. Berliner, *Pletath Soferim*, p. 12.

P. 29, l. 5. המצות; M. continues פי׳ חידוש כל הדברים בימי יהושע מנו שמיטין ויובילות וקידשו ערי חומה ונתחייבו במעשר. ד״א מאי כי לא עשו בני יש׳ סוכות דבעו רחמי על יצרא דע״ז וביטלוה ואנן זכותיה עלייהו כסוכה והיינו דקפיד קרא עילוי יהושע דבכל דוכתא כת׳ יהושע והכא כת׳ ישוע בשלמ׳ משה לא בעא רחמי דלא חזא זכותא דארץ יש׳ אלא יהושע דחזא זכותא דארץ יש׳ אמאי לא בעא רחמי. בערכין.

   „ ll. 15–17. מאליהם to ד״א; M. omits.

P. 30, l. 3. שמעה; M. continues שבטו.

P. 31, ll. 14, 15. וצוה to לעת; M. as O.

CORRIGENDA.

Page 18, line 1, for ראי read ראו

P. 22, l. 6, for ותהורה read ומהורה

P. 24, note b, for לסיעורו read לסיאורו, which should take the place of לשיעורו (H.).

P. 25, l. 21, for וישיבום read וושבים

P. 26, l. 1, for הקושרים read הקושרים

   „ l. 10, for בל read כל

P. 28, l. 4, for וכת read וכת׳

   „ l. 15, for דפרייו read דפתיין

P. 29, l. 12. יחף; continue [רגלו נעשית צבה כבצק]

P. 30, l. 3, for נונבו read נובני

   „ ll. 3, 4. ולוים to יהודה; place after כהנים in l. 6.

   „ l. 4, for בני read ובני

   „ l. 8, for במשמרות: יהודה לתפלה. read במשמרות והודה לתפלה.

   „ ll. 13, 14. זונת to חצופא H. חשופא בני חציפות תעזות.

   „ l. 14, for גם read עם

P. 31, l. 14, for אחר read ער אחר

ADDITIONAL NOTE.

SINCE writing note 1 on p. xiv I have observed that Saadiah Gaon's explana-
tion of אחשדרפנים is different. Joseph Kimchi gives it in his *Sefer ha-Galuy*, of
which I am preparing an edition from the unique Vatican MS. discovered by
Neubauer (see *The Fifty-third Chapter of Isaiah according to the Jewish Inter-
preters*, vol. i, p. vii). The second part of this work is a criticism of Menachem
ben Saruq's *Machbereth*, and at אחשתרנים he says :— .פתרו (אסתר ח י) אחשתרנים
שהוא סוסים הרצים ולא הביא ראיה לדבריו ומה יעץ ללא חכמה והלא הכל יודעים כי
מרכבות הרצים הם תעתה אפרש לך מה הם אע"פ שאמ' ורבנו לא הוו ידעין מהו מהו בני
הרמכים ראיתי בפי' רבנו סעדיה הנאון כי בנ' מקומות נמצא אחש מורכב אחשורש
פרשו נרול וראש אחשדרפני נדול דר פנים דר בפנים ורואה פני הטלך אחשתרנים נדול
מתרי מינים והם הפרדים שהם תרנים מתרין מינים מחמור וסוסה והיא הרטכה בלש'
נדול מדי בלש' אחש ופרוש הרמכים בני מהו ערבי .בלש' הרמכה והיא וסוסה מחמור : David Kimchi in his *Shorashim*
gives all this as his father's interpretation. Menachem explains אחשדרפנים by
פניו רואי סנדולי הם ; he perhaps found this in the ספר פתרוני רב סעדי' which he
quotes at the beginning of ה. This passage in the *Sefer ha-Galuy* is a highly
probable instance of reference to the Gaon's commentary on Esther (for other
references see Steinschneider, *Cat. Libr. Hebr. in. Bibl. Bodl.*, p. 2190). The
commentary on Daniel (quoted on p. xvi) refers to a commentary on Esther, and
quotes twice the אלאמאנאת כתאב. The explanation of אחשדרפנים is missing in
this commentary. The above passage also proves that Biesenthal and Lebrecht's
suggestion in their note on רמך in Kimchi's *Shorashim* is unnecessary.

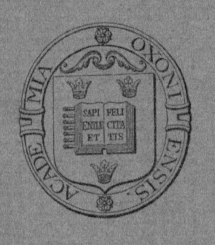

פירוש

על

עזרא ונחמיה

לר' סעדיה

לפי כתבי יד

של אוצר הספרים בודליאנא אשר באוקספורד

הוציאו לאור

הינרי יוחנן מאתיוס

אוקספורד

בבית דפוס קלארינדן

שנת תרמ"ב לפ"ק

❖ פירוש עזרא ❖

[I] ¹ובשנת אחת לכורש מלך פרס. זה כורש בן אחשורוש בן אסתר
המלכה ותנא הוא כורש [הוא דריוש] הוא ארתחשסתא כורש על
שמלך כשר היה דריוש שדרשו ישר׳ לאל בימיו ובימיו נדרשו
היחוסין על ידי עזרא ובימיו דרש האל גליותיו וגאלן ארתחשסתא
על שם מלכותו בלשון פרסי: לכלות דבר יי מפי ירמיהו. הנביא
שאמ׳ לפי מלאת לבבל שבעים שנה אפקוד אתכם (כט י) והוא לא
אמר לגלות בבל אלא לחרבן בבל ודניאל טעה בזה החשבון שנ׳
בשנת אחת למלכו אני דניאל בינותי בספרים מספר השנים אשר
היה דבר יי אל ירמיהו הנביא למלאות לחרבות ירושלם שבעים
שנה (דניאל ט ב) ופסוק אחר מקשה לו לפי מלאת לבבל שבעים שנה
אפקוד אתכם לפקידה ולא לגאולה כמו שנ׳ ובשנת אחת לכורש
מלך פרס לכלות דבר יי משנחרבה בבל בימי בלשצר בן נבוכדנצר
על ידי כורש הראשון עד שנת אחת לכורש האחרון הם ע׳ שנה:
²כל ממלכות הארץ נתן לי יי. ללמדך שכל המולך בארץ ישר׳
כמולך בכל העולם כולו וכן הוא אומ׳ רבתי בגוים שרתי במדינות
(איכה א א) וכל כך [למה] בזכות שעסק בבית המקדש ואמרו חכמי׳
ארבעה [מלכים] שלטו בכל העולם כולו ואלו הן שלמה מלך ישר׳
דכת׳ וכל מלכי הארץ מבקשים את פני שלמה (מ״א י כד) אחאב בן
עמרי דכת׳ אם יש גוי וממלכה אשר לא שלח אדני [שם לבקשך] (מ״א יח י)

וכת' והשביע את הממלכה ואת הגוי (שם) אחשורוש דכת' וישם המלך
אחשורוש מס על הארץ ואיי הים (אסתר' י א) כורש דכת' כל ממלכות
הארץ נתן לי יי': והוא פקד עלי. הוא צוה עלי ויצו מתרג'
ופקיד (בראשית ב טז) והיכן צוהו הוי אומ' על ידי ישעיהו הנביא שנ'
כה אמר יי למשיחו לכורש (ישעיה מה א) וכי כורש משיח היה אלא
אמ' הב"ה למשיח קובל אני לך על כורש אני אמרתי לו הוא יבנה
עירי וגלותי ישלח (שם יג) והוא אמ' מי בכם מכל עמו יהי אלהיו
עמו ויעל: ⁴וינשאוהו אנשי מקומו. ישאוהו אנשי העיר אשר הוא דר
ביניהם הם גרי ארצו: ⁵לכל העיר. כלומ' כל אשר העיר יי לבו
ורוחו בנדבה לבוא לירושלם: ⁶ובמגדנות. ובמתנות כמ' שנ' ומגדנות
[נתן] (בראשית כד נג) מתרג' ומתן יהב: ⁸מתרדת הגזבר. לוי היה ממונה
על כלי בית יי ושמו מתרדת ופי' מתיר דת שעל פיו נתרת דת
המלך כלומר על פיו יצאו ועל פיו יבואו: הגזבר. הוא [ה]ממונה
ומאי גזבר גונז בר אוצר תבואה: ויספרם. וימנם לשון מספרᵇ:
לששבצר. ששב באוצר: ⁹אגרטלי. הם מזרקות *של דם'. ד"א אגרטלי.
גרסינן ביומא ירושלמית כלי שאוגרין בו דמו של טלה כמין מזרקות:
מחלפים. הם סכינים כמו ששנינו במשנה בית החלפות בית הסכינים
שבמקדש גם אלו [הסכינים] לצורך שחיטה הפשט ונתוח ועל כן נקרא
סכין של שחיטה חלאפא: ¹⁰כפורי זהב כפורי כסף. רקועי פחים וטסין
של זהב ושל כסף כמין כפרת שהכפרת ארכה ורחבה כמדת מכסה
הארון ועביה טפח וכל דבר שהוא נמתח ונרקע ואין לו עובי וקומה
נקרא כפרת ודומה לו וכפרת אותה (בראשית ו יד): משנים. משנים זה
מזה בצורה ובמלאכה ויש אומ' משנים מוכפלים כמ' שנ' כי כל ביתה

לבוש שנים (משלי לא כא) פי׳ כפלים וכת׳ כי משנה (דברים טו יח) מתרגמ׳
ארי על חד תרין : (II) ²זרובבל. הוא היה בן יהויכין ולמה נקרא שמו
זרובבל זרוע בבל שנזרע בבבל[ᵃ] בבית הסהר ולמה אמ׳ בן שאלתיאל
*ששאל אותו[ᵇ] מאל שלא נשאר מבית דוד זולתי יהויכין ושאל בן
מאל ונתן לו : ישוע. זה יהושע בן יהוצדק הכהן הגדול ולמה נקרא
ישוע על שם שנשאו בניו נשים הפסולות לכהונה שנ׳ ויהושע היה
לבוש בגדים צואים (זכריה ג ג) ומתרגמ׳ ויהושע הוו ליה בנין דנסיבו
נשין דלא כשרין לכהונתא וכת׳ וימצא מבני הכהנים אשר השיבו
נשים נכריות מבני ישוע בן יהוצדק ואחיו מעשיה ואליעזר ויריב
וגדליה (עזרא י יח) : מרדכי בלשן. שידע בכל לשון הוא מרדכי היהודי
[אשר יצא מלפני המלך בלבוש מלכות] : מספר בגוי. פעם אחת
בקשר המשמרות ולא מצאו עשרים וארבעה ומינו את זה במעי אמו
כדי להשלים המשמרות ופי׳ מספר בגוי ספור בגוזה דאימיה : ⁹בני
פחת מואב. הם בני יואב בן צרויה י"מ מתחלף בגימטריא את ב"ש
ולמה נקרא מואב שנצח עמין ומואב. ד"א דאתי מן רות בת עגלון
מלך מואב : פחת. שהיה שר צבא כדכת׳ ושר צבא למלך יואב
(ד"ה א כז לד) : פחת. כמ׳ פחות וסגנים (ירמיה נא כג) : ¹²עזגד. עז מזל
שכן קורין למזלא גדא : ⁵⁰ואלה העולים מתל מלח תל חרשא. אלו
בני אדם שחרשו כל העולם כתל וזרעוהו מלח כלומ׳ נשאו נשים
נכריות ופסלו משפחתם : כרוב אדן אמר. אמר אדן הוא הב"ה אני
אמרתי להם היו לפני נאים ככרוב והם שמו עצמם כנמר כדכת׳
היהפוך כושי עורו ונמר חברבורותיו (ירמיה יג כג) כלומ׳ שצבעו
משפחתם כנמר שהוא צבוע ומנומר ונשאו נשים נכריות לכך לא

ידעו להגיד בית אבותם וזרעם אם מישראל הם על[a] שנולדו מנשים
נכריות: [60]בני[b] דליה בני טוביה בני נקודא. אמ' הב"ה אני אמרתי
הוו לפני כזהב הטוב שאין בו סיגים והם עשר עצמם דלים ונקדים
ככסף מלא סיגים וכן הוא אום' כסף סיגים היו לי בית ישראל
(יחזקאל כב יח): [61]ומבני הכהנים בני חביה. בנים שחבו ליה: בני הקוץ.
אמ' הב"ה הוו לפני נאים כתמר והם שמו עצמם כקוץ לפי שנשאו
מבנות ברזילי הגלעדי שהיה בזמה שטוף והוליד בנים בעבירה: ויקרא
על שמם. ולא על שם ∙ אהרן הכהן: [62]אלה בקשו כתבם המתיחשים.
בקשו כתב יחוס כהונתם ולא נמצאו ולפיכך נפסלו מן הכהנה:
המתיחשים. כמ' ויתילדו על משפחותם (במדבר א יח) מתרגמ'
ואתיחסו. ויגואלו: ויגועלו כדכת' מגישים על מזבחי לחם מגואל
(מלאכי א ז) מגועל פירושו: [63]ויאמר התרשתא. זה נחמיה בן חכליה
ולמה נקרא שמו התרשתא שהתיר יין לשתיה לפני מלכים בשעת
הסכנה דכת' דברי נחמיה בן חכליה (נחמיה א א) ויהי בחדש כסלו יין
לפניו הובא: אשר לא יאכלו מקדש הקדשים. אבל אוכלין חלות
ככהנים בעלי מומין ככת' אך לא יעלו כהני הבמות אל מזבח יי
בירושלם כי אם אכלו מצות בתוך אחיהם (מ"ב כג ט) מכאן אתה
למד שכהנים שנשתמדו מרצונם וחזרו בתשובה וכהנים שחללו עצמם
בנשים האסורות לכהונה כגון אלמנה לכהן גדול גרושה וחלוצה
[זונה] וחללה לכהן הדיוט הרי הם ככהנים בעלי מומין אוכלין
וחולקין בתרומות [ומעשרות] ובחלות אבל אינן אוכלין בקדשי קדשים
ואין מקריבים על גבי המזבח: עד עמוד כהן לאורים ולתומים. עד
שיבוא אליהו זכור לטוב וילבש אורים ותומים וכן הוא אומר וישב

a H. עד. O¹. עוד.   b O. ואלה הם בני.

מצרף ומטהר כסף וטהר את בני לוי (מלאכי ג ג) ולמה אמ׳ עד עמוד
כהן לאורים ותמים לפי שמעים שחרב הבית הראשון ונגנזו המשכן
וכליו נגנזו בגדי כהונה שנעשו במדבר ובטלו אורים ותמים עד שיבוא
אליה מיכן אנו למדים שלא היו אורים ותמים בבית שני :
[5ª]להעמידו על מכונו. על תוכן בניינו. [6ª]דרכמונים. הם מטבעות כגון
זהובים. ד״א דרכמונים. דרך מונים מטבעות הנמנין ואינן נשקלין :
מנים. הם שקלים כמו שנ׳ והמנה יהיה לכם (יחזקאל מה יב) : [7ª]הנתינים.
הם הגבעונים ולמה נקראו נתינים שנתנם יהושע חוטבי עצים
ושואבי מים לבית המקדש : (III) [6]היכל יי לא יוסד. עדין לא נתיסד
לפי שהדרסו אותו בני אדום הרשעה כשבאו עם הכשדים עד יסודו
שנ׳ זכור יי לבני אדום את יום ירושלם האומרים ערו ערו עד היסוד
בה (תהלים קלז ז) רק הכינו המזבח על מכונותיו במקום בנין הראשון
תחת אהלים מפחד העמים : [7]כרשיון כורש. בכתב הרשאה שכתב
להם כורש להיותם רשאים לבנות בית המקדש : [8]לנצח על מלאכת
בית יי. לנצח האומנים להרבות במלאכה ויש אומ׳ לנצח לומ׳[8ª]
שירות כמו שנ׳ למנצח על השמינית מזמור לדוד (תהלים ו א) והפסוק
יורה אחרי כן [10]ויעמידו הכהנים מלובשים בהצוצרות והלוים בני
אסף במצלתים. כמו בצלצלים להלל ליי על ידי דוד מלך ישראל.
על ידי שירי דוד ונבואתו כמכתוב הללוהו בצלצלי שמע (תהלים קנ ה)
וכת׳ ויענו בהלל ובהודות הודו ליי כי טוב : [11]על הוסד. על שנתיסד :
(IV) [1]וישמעו צרי יהודה ובנימן. גם התושבים היושבים בארץ ישר׳
כדכת׳ ויבא מלך אשור מבבל ומכותה ומעוא ומחמת וספרוים
ויושב בערי שומרון (מ״ב יז כד) וכת׳ ולא יראו את יי וישלח יי בהם

את האריות (שם כה) [והמה גירי אריות שנתגיירו מפחד האריות] שהיו הורגים בהם ולא היו צדיקים[a] אלא משום יראת האריות נתגיירו שנ׳ את יי היו יראים ואת אלהיהם היו עובדים (שם לג) וישבו שם עד שנחרב הבית וכל ימי גלות בבל וכל ימי גלות מדי ופרס עד שעלה עזרא מבבל וסיעתו עמו: [2]אז נגשו בערמה אל זרובבל ואל ראשי האבות ויאמרו להם נבנה עמכם כי ככם נדרוש לאלהיכם ולא אנחנו זובחים מימי אסרחדון מלך אשור המעלה אותנו פה. ולא כת׳ ולו קרי שלא היו זובחים אליו מאהבה אלא מיראה שלא יגרה בהם האריות: [4]כיון שראו שלא קבלום מיד התחילו להשטין שנ׳ ויהי עם הארץ מרפים ידי עם יהודה ומבהלים אותם לבנות. לפי שהיו [השונאים] מרפים ידי העם [היו] ראשי האבות מבהלים וממהרים אותם [לבנות] בעל כרחם: [5]כיון שראו כן שכרו עליהם יועצים רעים להתעות עם יהודה ובנימן היושבים בירושלם: להפר עצתם. של ראשי האבות שלא יבנו בית המקדש ולמה הזכיר יהודה ובנימן כי עשרת השבטים גלו רובם ועיקרם על ידי מלך אשור שנ׳ ויעל מלך אשור בכל הארץ (מ״ב יז ה) וכת׳ ויגל את ישר׳ אשור ויושב אותם בחלח ובחבור נהר גוזן וערי מדי (שם ו) וכת׳ ויגל ישר׳ אשורה עד היום הזה (שם כג) מכלל שלא שבו לארץ ישר׳ לפי שהיו בהם צדיקים ונביאים והיו יודעים שבית המקדש עתיד ליחרב פעם אחרת ועתידין ישר׳ לילך בגלות וישבו שם בארץ אשור ונשארו שם יהודה ובנימן שני השבטים בארץ יהודה ובנימן ושאר מעט מתי מספר משאר השבטים נשארו בעריהם עד גלות בבל ואז *גלו כל גדולי הדור[b] לבבל ודלת הארץ נשארו בארץ ישראל לעבוד האדמה

[a] H. גרים.

[b] H. כל גלות הדור חזר.

כדכת׳ ומדלת הארץ השאיר רב טבחים[a] לכורמים וליוגבים (מ״ב כה יב)
ובשנת אחת לכורש עלו יהודה ובנימן עם פליטת שאר גלות
השבטים ורוב י׳ השבטים לא שבו מאשור עד היום הזה: וסוכרים
עליהם יועצים. [כת׳ בסמך][b] לקיים מה שנ׳ יסכר פי דוברי שקר
(תהלים סג יב) כי בלבל הב״ה עצתם אחרי כן ויש אום׳ וסוכרים כמו
וסכרתי את מצרים (ישעיה יט ד) כלומ׳ מוסרין עצמן למיתה ויועצים
להפר עצתם ושוכרים עדי שקר יועצי רע כותבי׳ שטנה: כל ימי כורש
מלך פרס. שכבש את בבל עד מלכות דריוש מלך פרס שמלך אחרי
כן שהוא כורש בן אסתר המלכה כי כן כת׳ ובשנת אחת לכורש מלך
פרס חו היא בתחלת מלכותו וכיצד הותחלה השטנה במלכות
אחשורוש בתחלת מלכותו כתבו שטנה להשטין ולבטל מלאכת בית
המקדש: [שטנה.] כמ׳ שנ׳ ויתיצב מלאך יי בדרך לשטן לו (במדבר
כב כב) ומי כת׳ השטנה שמשי ספרא בן המן הרשע וזה היה בימי
ושתי המלכה בת בלשצאר בן נבוכדנצר שלא היתה מניחתו לבנות
בית המקדש שהיתה אומרת מקום שהחריבו אבותי אתה רוצה
לבנותו ומאת יי היתה זאת כי עדין לא שלמה גלות מדי ופרס
וטעו [ומנו] מחרבן הבית ולא היה להם למנות אלא מחרבן בבל
כי עדין לא שלמו שבעים שנה ואז הוערו הרשעים להסית את ושתי
בת בלשצר בן נבוכדנצר הרשע וכמה שנים היו משנחרב הבית על
ידי נבוכדנצר עד שנבנה על ידי כורש בשנת י״ט למלכות נבוכדנצר
[חרב] בית המקדש והוא מלך אחרי כן כ״ו שנה מרודך בנו מלך
כ״ב ובשנת כ״ב מת ומלך באותה שנה בלשצר בנו ועמד במלכות ב׳
שנים ומחצה כ״א ומחצה דמרודך וב׳ ומחצה לבלשצר הרי כ״ד שנים

---

[a] O. סריס.   [b] H. כתבו.

כ"ד שנים של שניהם וכ"ו של נבוכדנצר מיום שחרב הבית עד יום
מותו הרי נ' שנים אז בא דריוש המדי ותפש את בבל והחריבה
והגלה את ישראל עם הכשדים במדי ופרס ומלך שנת אחת הרי
נ"א שנה כורש בנו מלך ג' שנים הרי נ"ד ובשנת א' לאחשורש
בתחלת מלכותו החלו לבנותו עזרא וסיעתו על דברי דניאל כי
דניאל טעה ומנה משנת ד' לנבוכדנצר מנבואת ירמיהו וכלל אותן
ט"ו שנים עם נ"ה וחם ע' משנת ד' לנבוכדנצר עד תחלת מלכות
אחשורש ואז כתבו שטנה על יושבי יהודה וירושלם ומלך אחשורש
אחרי זאת י"ג שנה כי בשנת אחת למלכותו בטלה המלאכה ומלך
אחריו כורש בנו הנקרא ארתחשסתא ואז כתבו צרי יהודה שטנה
ואלה הם רחום בעל טעם ושמשי ספרא והיתה המלאכה בטלה י"ג
שנה למלכות אחשורש ל"ב שני' למלכות ארתחשסתא הרי מ"ה
שנים ובשנת א' לכורש בן אסתר המלכה הנקרא דריוש עלו מבבל
הרי מ"ו שנים ובשנת ב' לבואם אל בית האלהים בירושלם החלו
ליסד ולבנות ובקשו הכותיים הגרים להתחבר עמם לבנות ולא
קבלום אז שכרו יועצים להפר עצתם ולא עלתה בידם בימי כורש
כאן בימי אחשורוש ואף בימי ארתחשסתא הנקרא כורש בדברי
חכמי' האום' הוא כורש הוא דריוש הוא ארתחשסתא: [7]כתב בשלם.
ומי כתבו רחום ושמשי על שם מתרדת טבאל: ושאר כנווֹתיו.
ושאר סיעתו כנווֹתו עדתו כנישתו כנופתו כגן כנופיא כוליהון לשון
חד הוא בלשון קדש עדתו בלשון ארמית כנישתו בלשון תלמוד
כניפתו בלשון פרסי כנווֹתו: וכתב הנשתון כתוב ארמית ומתורגם
ארמית. כלומ' כתב משונה וכפול במכתב ובפירושו: [8]כנימא. כן נאמר

כלומ׳ כן נימא כן אימא : ⁹כנותהון. עדתם וגם *סיעם כנופם⁰: דינייא.
מן דינא מדינתא ואית דאמרי דייני מלכות: ואפרסתכיא. *מן פרס⁰:
ארכויא. מן ארך כמ׳ וארך ואכד וכלנה (בראשית י י): בבליא. מן בבל:
שושנכיא. מן שושן: דהוא. מן דהי מדינתא: עילמיא. מן עילם:
¹⁰ושאר אומיא די הגלי אסנפר רבא ויקירא והותב המו בקריא די
שמרין. הם העמים שהביא אסרחדון מלך אשור הנקרא אסנפר בלשון
פרסי והושיבם בערי שמרון ונתגיירו מפחד האריות ויש אומ׳ אסנפר
הוא אביו של אסרחדון: ושאר עבר נהרא. ושאר העמים שמעבר
פרת : וכענת. וכן ענת כלומר כך⁰ מענה הכתב דנא פרשגן אגרתא
ויש אומ׳ וכענת דברים רכים ומענה פוסים כעניא⁰ דין דכתיב⁰ ביה
תחנונים ידבר רש (משלי יח כג). ד״א וכענת. וכעת הזאת: ¹¹פרשגן.
כמ׳ שנ׳ משנה התורה (דברים יז יח) ומתרג׳ פרשגן [אוריתא] והוא כתב
הנשתון משנה וכפול: אגרתא. שדברים רבים אגורים בה: ¹²מרדתא.
מורדת דכת׳ רבתי בגוים שרתי במדינות (איכה א א): ובאישתא. מרעת :
ושוריא. החומות (שיר ה ז) מתרגמי׳ שוריא: שכלילו. ויכולו (בראשית ב א)
מתרג׳ ואישתכלילו: ואושיא. הם השתות והיסודות חזק בנין הביתה
כדכת׳ לאשישי קיר חרשת (ישעיה טז ז) ומתרג׳ לתקוף: יחיטו. כלומ׳
חופרים וחוטטים בקרקע במקום הקרקע הקשה ליסד החומה כדתנן
החוטט בגדיש: ¹³דך. זאת כמו דמתרג׳ דא : ישתכללון. ישלימו וינלו
ויבנו: מנדה בלו והלך לא יתנון. [עוד לא יתנו]: מנדה. זו מנת
המלך ומאי היא זו מתת מכס הסחורה וכן כת׳ יגיע מצרים וסחר
כוש וסבאים אנשי מדה (ישעיה מה יד) ומתרג׳ אנשין גברין דסחורה

ᵃ H. סיעת כנופיים.   ᵇ O. and H. omit.   ᶜ O. מן.
ᵈ O. בעני.   ᵉ O. הכת׳.

B 2

אנשי מדה בעלי סחורה: בלו. זה כסף גולגלתא כמו בקע לגלגלת
(שמות לח כו) מס לשלטון וכן כת' ועל דניאל שם בל לשזבותיה
(דניאל ו טו) כופר ממון להצילו כמו איש כופר נפשו (שמות ל יב) בל ובלו
חד הוא וי"ו יתירה כמו ויכו האחד את האחד (ש"ב יד ו) וכמו בנו
בעור (במדבר כד ג) פי' ויך האחד בן בעור: והלך. זה ארנונא הוא
המכס שנותנים הולכי דרכים וגשרים ומדינות ומחוזות שיבנו
היהודים ירושלם ובית המקדש עוד לא ישתעבדו לך ולא יתנו לך אלו
המסיות: ואפתוֹם מלכין תהנזיק. ואוצר המלך יהיה[א] בו נזק והפסד:
[14] כען כל קבל די מלח היכלא מלחנא. מעתה מכבר אשר סתור
ההיכל שבירושלם סתרנו מהבנות בעתתינו ובטלה מלאכתו כמו
ארץ מלחה לא תשב (ירמיה יז ו) מתרג' ארע צדיא דלא תיתותב
ועוד שמים כעשן נמלחו (ישעיה נא ו) על כן הגדנו לך כדי שלא תניח
לבנותו: וערות מלכא. וקלן המלך ויש אומ' וערות לשון חורבן
כלומ' אם יבנה בית המקדש וירושלם אז ימרדו בך היהודים ויחרב
מלכותך ויש אומ' לשון דלות כמ' פנה אל תפלת הערער
(תהלים קב יח) וכמו ערו ערו (תהלים קלז ז) ועד ערי ערוער (ישעיה יז ב)
מתרג' קרוי חורבייא: לא אריך לנא למחזי. לא נאה לנו לראות
ויש אומ' לא אריך לא נוחיל ונמתין כמ' ויחל (בראשית ח י) מתרג'
ואוריך: על דנא. על כן שלחנו והודענו למלך: [15] די יבקר. שיפשפש
כמו לא יבקר הכהן (ויקרא יג לו) מתרג' בתרגום ירושלמי לא יפשפש
כהנא והוא לשון *בקור והוא לשון בדיקה[ב]: ותהשכה. ותמצא
רימצא (בראשית כו יב) מתרג' ואשכח: ומהנזקת מלכין. ומזקת מלכים:
ואשתדור. מרד בלשון פרסי וגם ויאבק (בראשית לב כה) מתרג' ואשתדל

והוא לשון מלחמה : על דנא קריתא דך. על זה הדבר העיר הזאת
החרבה : [16] די הן קריתא דך. שאם העיר הזאת תבנה : חלק בעבר
נהרא. אין לך שכשם שמרדו בך היהודים כך ימרדו בך כל יושבי
עבר הנהר : לא איתי. לא יש תרג׳ לא אית : [17] בשמרין. בשמרון :
מאת התשובה פתגמא שלח מלכא : שלם וכעת. דברי שלום ומענה
רך : [19] ובקרו והשכחו. ובדקו ומצאו שזו העיר מן ימי עולם מימות
שם בן נח שנ׳ ומלכי צדק מלך שלם (בראשית יד יח) מתרג׳ מלכא
דירושלם מאז מקדם עולם על המלכים מתנשאה : ומרד. שמרדו בה
הרבה מלכים : ואשתדור. ומלחמות כמו ויאבק (בראשית לב כה) מתרג׳
ואשתדל למ״ד מתחלפת עם רי״ש כמו וארו (דניאל ז ב) ואלו ופי׳
הנה וכן ואשתדור ואשתדל לשון מלחמות הוא וכן הוא אומ׳ ויאבק
איש עמו מלמד שנלחם המלאך עד שעלה אבק רגליהם עד כסא
הכבוד ועל כן נדע כי אשתדור מלחמות הם : [20] ומימי עולם מרדו כל
מלכי עולם על ירושלם ונלחמו בה ומזמן שהיו עושין רצון קונֵיהם
היו כל המלכים נותנין מס לישראל ועל כן אמ׳ ומלכין תקיפין הוו
על ירושלם כגון דוד ושלמה ושאר מלכין והיו שולטין בכל עבר
הנהר ומנות ומסיות ומכסים היו נותנין להם : מנדה. זו מנת
המלך : בלו. זה כסף גולגלתא : והלך. זו ארנונא לפי שהיו עוסקין
בתורה ובמצות : [21] ועתה מבער אשר רפו ידיהם מן המצות מעכשיו
שימו טעם לבטלא לבטל האנשים האלה שלא יבנו העיר הזאת עד
מני טעמא יתשם עד שאצוה אני ואשים עצה וטעם : [22] וזהירין הוו
שלו למעבד על דנא. להיות להם שלו ובטול כמו לא תשלה אותי
(מ״ב ד כח) כלומ׳ לעזוב המלאכה ולבטלה על זה הדבר שאמרתם
למה ירבה חבלה והשחתה להזיק מלכי מדי ופרס וכל כך למה כדי

שלא ימרדו עליו אנשי המלוכה ועדיין לא הגיע זמן הבנין: [23]אֱדַיִן.
אז מאחר אשר אגרת הנשתון של ארתחשסתא המלך היה נקרי לפני
רחום ושמשי וסיעתם הלכו בחפזון לירושלם בחפזון (שמות יב יא) מתרג׳
בבהילו לירושלם על היהודים ובטלו מהם המלאכה בזרוע ובכח
גדול: נִשְׁתְּוָנָא. כתב שבו לשון מלשינות מאי מלשינות מלה שנוייה
שמחליף ושונה במלת לשונו ואינו מדבר כראוי וכנכון: [24]אֱדַיִן בְּטֵלַת
הָעֲבִידָה של בית האלהים אשר בירושלם מתחלת מלכות אחשורש
וכל ימי ארתחשסתא עד שנת ב׳ לדריוש מלך פרס: (V) [1]וְהִתְנַבִּי
חַגַּי. אז באותו הפרק נתנבא חגי וזכריה בן עדוא הנביא על יהודה
וירושלם על היהודים שיבנו בית המקדש כי לא תבטל עוד מלאכתם
וכן כת׳ בשנת שתים לדריוש המלך בחדש הששי ביום אחד לחדש
היה דבר יי בידי חגי הנביא (חגי א א) וכת׳ עלו ההר והבאתם עץ
ובנו הבית וארצה בו ואכבדה אמר יי (חגי א ח) וכת׳ בשנה השנית
בשנת שתים לדריוש היה דבר יי אל זכריא בן עדוא הנביא לאמר
(זכריה א א) וכת׳ לכן כה אמר יי שבתי לירושלם ברחמים ביתי יבנה
בה (זכריה א טז): [2]בֵּאדַיִן. אז קמו זרובבל בן שאלתיאל וישוע בן יוצדק
והתחילו לבנות בית המקדש ואתם הנבאים חגי זכריה ועזרא
ויהושע הכהן הגדול מסייעין אותן ומטיבים את לבם בנבואתם ככת׳
ידי זרובבל יסדו הבית הזה (זכריה ד ט) בעת הראשונה בימי מלכי
מדי ופרס וקמו צרי יהודה ובנימן ובטלו המלאכה בלשון הרע שספרו
אצל המלכים על יהודה וירושלם ועלתה ביד צריהם לבטלם כי לא
הגיע עת בית יי להבנות וידיו תבצענה (שם) עכשיו ידיו תהיינה
משלימות הבנין כמו כי יבצע יי (ישעיה י יב) לפי שעכשיו הגיע הזמן:
[3]בֵּיהּ זִמְנָא. באותה העת כשהתחילו זרובבל וישוע לבנות בשניה

כדברי חגי וזכריה או בא עליהם תתני שהיה משומד ושם אותו
סנחריב מלך אשור פחת חוא שלטון בעבר נהר פרת ואום׳ כי בן
רבשקה היה: ושתר. הוא שכת׳ במגלה והקרוב אליו כרשנא שתר
(אסתר א יד): בתני. הוא שכת׳ במגלה במתא חרבונא (אסתר א י):
וכנותהון. וסיעתהון: מן שם לכום טעם. מי נתן לכם רשות לפי
שנאמ׳ לעילא (ד כא) וכען שימו טעם לבטלא גובריא אילך וקריתא
דך לא תתבני עד מני טעמא יתשם ועל כן אמרו עכשיו מן שם לכן
טעם: ואושרנא דנא. וחומה זאת ויש אום׳ ואושרנא ארמן גדול
וביריה גדולה כדכת׳ עלו בשרותיה (ירמיה ה י) בנין של קורות כדכת׳
בצל קורתי (בראשית יט ח) מתרג׳ בטלל שירותי וכן נאמ׳ בנבואת חגי
עלו ההר והבאתם עץ ובנו הבית (חגי א ח): כנמא. כנאמר: [5]וען
אלההום. כמו עיני יי אלהיך בה (דברים יא יב): ולא בטילו המו. לא
בטילו להם עד אשר טעם הדבר לדריוש ילך ואז ישיבו אגרת על זאת
אז שלחו אגרת לדריוש וזה הוא פרשגן אגרתא וכול׳: [8]אבן גלל. אבני
שיש כמו בורמי דגללא פרורין מן שיש: ואע מתשם. ועץ מושם בכתלים
לחזק החומה: ועבידתא דך. ומלאכה זו: אספרנא. בזריזות. ד״א
אספרנא. כמו אספרווא דגרסינן בראש כתובות אספרווא דידיה בשלישי
הוא דאתיא והם משואות בדק חתונה. אדמספרנא[a] עד דמספר אנא
עד שלא יגמר הדבור להאמר והם עושין אותו במהרה ובנין הבנין:
[11]התיבונא. השיבונו: אנחנא המו. אנחנו המה עבדי אלהי השמים
והארץ: די הוה בנא. שהיה בנוי קודם לכן שנים רבות ושלמה מלך
ישראל הגדול בנאו ושכללו ואין זה הבנין דבר חדש: [12]להן מן די
הרגיזו. ואכן משהכעיסו אבותינו לאלהי השמים מסר אותם ביד

נבוכדנצר מלך בבל והבית סתרו והחריבו ועמו הגלה לבבל: ¹³ברם
בשנת חדא. וגם בשנת אחת לכורש מלך פרס שם עצה וטעם הבית
הזה להבנות: ¹⁴ואף. וגם כלי בית האלהים של זהב ושל כסף אשר
נבוכדנצר הוציא מן ההיכל שבירושלם: והבל המו. והוביל אותם
לבבל הוציא אותם כורש הראשון מהיכל מלך בבל [ונתנם] לששבצר
שמו של שלטון אשר פחת וסגן שם אותו: ¹⁵ואמר לה. ואמר לו
אלה הכלים שא והולך אותם והנח אותם בהיכל שבירושלם:
¹⁶אדין. אז ששבצר זה בא ונתן אותם בהיכל יי ויסדות הבית הזה
הוא בית האלהים אשר בירושלם התחיל ליסד ומאז ועד עתה
הותחל להבנות ולא שלמה מלאכתו: ¹⁷וכען. ועתה אם על המלך
טוב יבדק בבית גנזי המלך שם באוצר אשר הובא מבבל ושם יש
כתוב בספר הזכרונות כי מן כורש הראשן הורשם טעם ונתן רשות
לבנות בית האלהים זה בירושלם: ורעות. ורצון המלך על זאת
המלאכה ישלח לנו בכתב ידו: (VI) ¹באדין. אז כורש המלך צוה
ובדקו בבית הספרים אשר האוצרות וגנזי הממון מונחים שם.בבבל:
²והשתכח באחמתא. ונמצא בחמת שכן דרך בני אדם לשום שטרותיהן
בעור מעובד כמין חמת ויש אומ' באחמתא בתיבה קטנה: בבריתא.
בבירה בארמון המלך במדי ושם מגלה אחת וכן כתוב בתוכה:
³בשנת אחת לכורש מלך בבל כורש המלך שם טעם וכל' בזכרון
הדברים שנעשו: אתר די דבחין. מקום אשר הם הזבחים זובחים:
ואשוהי מסובלין. וחומותיו מסובלים וגבוהים ונשאים אמות ששים
ורחבן אמות ששים גובהן כרחבן כדי שלא יפולו: ⁴נדבכין די אבן
גלל. כמו ששנינו בראש האילן או בראש הנדבך פי' נדבכין הם
טורים אבן על אבן שכן כת' בנבואת חגי מטרם שום אבן אל אבן

בהיכל יי (חני ב טו) מתרג' עד לא יתשם נדבך על נדבך בהיכלא דיי
והם טורים של אבן שיש שלש : ונדבך די אע חדת. וטור של עץ
אחת וכן כת' בבנין שלמה ויעש לבית טורי גזית שלשה וטור כרותות
ארזים (מ"א ו לו) אבל שלמה מה שעשה לשום שמים עשה וכורש לא
עשה לשום שמים שלמה מלמעלה בראש הבנין בסוף החומה
זה עשה מלמטה בתחלת הבנין שלמה שקע העץ בבנין וזה לא
שקעו בבנין שלמה סיידו בסיד [זה לא סידו בסיד] וכל כך למה
לפי שחשב בלבו ואמר אם ימרדו בי היהודים אשרוף אותו באש :
ונפקתא. והוצאה : ⁵הנפק. הוציא : ותחת. ותניח כמו ותנח בגדו
(בראשית לט טז) ואחתתיה ללבושיה : ⁶כען תתני פחת. עתה תתני פחת
עבר הנהר ושתר בתני ושאר סיעתן ؛ אפרסכיא. הם גדולי מלכות
אפרסכיא אפי ריוו מלכא סכיי פי' פני תאר המלך מביטין אשורנו
ולא קרוב (במדבר כד יז) מתרג' סכיתיה והם רואי פני המלך הכת'
במגלה (א יד) : רחיקין. רחוקים היו משם : ⁷שבוקו. הניחו : ⁸ומנכסי
מלכא. מנכסים של מלך כמו בנכסים רבים (יהושע כב ח) : די מדת
עבר נהרא. ממנת המלך הבאה אליו מעבר הנהר כמו מנדה בלו
והלך (ד יג) לשון נדה מאותן הנכסים יעשה בנין הבית : אספרנא.
בזריזות בלי איחור : נפקתא. הוצאה ובדק הבית תהיה נתונה
לאנשים האלה : ⁹ומה חשבן. ומה חוששין כלום' ממה יש להם
מחשבה הרי בני תורין ודכרין ואמרין לעלון לאלה שמיא : חנטים.
חטים : די לא שלו. בלא שגגה ובלא פשיעה אלא כרצונם : ¹¹די
יהושנא. אשר ישנה וימיר : יתנסח. כמו ונסחתם (דברים כח סג) : וזקיף
יתמחי. ותלוי יהרג [עליו] וימות וימחה שמו וזה פי' כל אומה ולשון
וכל איש אשר ימיר דבר זה לבטל מלאכה זו יעשה בו דין כמו

שנעשה בהמן שיעץ בימי אחשורוש לבטל בנין בית המקדש ראי מה
אירע לו הונסח ונוטל עץ מקורות ביתו ונתלה והוכה עליו כאמור
ויתלו את המן על העץ ואמרו חכמי' אותו העץ מתיבת נח היה
ופרשנדתא בן המן היה הגמון בקרדוניא בארץ אררט מקום אשר
נחה שם תיבת נח ולקח משם קורה ארוכה חמשים אמה כרחב
התיבה ואז נעשה ממנה כשורה דהיינו קורה גדולה ואז אמרו
אהבי המן יעשו עץ גבה חמשים אמה וכת' ויתלו את המן
(אסתר ז י) : וביתה נולי יתעבד. וביתו הפקר נעשה על זאת שנ' הנה
בית המן נתתי לאסתר ואותו תלו על העץ על אשר שלח ידו
ביהודים (אסתר ח ז) ויש שפותרין נולי מקום אבוס בקר *ומנוול בדומן*
צפיעי הבקר וכולו ענין אחד כי כאשר יבוזו המלכים בתי האויב אז
יחריבו התקרה והמעזיבה להיות חרבן עולם ושמה ירבצו הבקר
והסוסים וכל בהמה ונעשה מקום מנוול מגללים: 12ימגר. כמ'
והגרתי לגיא אבניה (מיכה א ו) לשון ירידה כלומ' ימגר ויוריד
מגדולתו כל מלך ועם אשר ישלח ידו להשחית בית האלהים אשר
בירושלם: אספרנא. בזריזות: 14ושבי יהוראי. זקני היהודים המה עזרא
וסיעתו אנשי כנסת הגדולה: 15ושציא. ויכל (בראשית ב ב)ומתרג' ושיצי
נגמרה המלאכה בשלשה באדר בשנה הששית למלכות דריוש וזה
שאמ' למעלה מן טעם אלה שמיא ומטעם כורש ודריוש וארתחשסתא
מלך פרס מצינו בתלמוד הוא כורש הוא דריוש הוא ארתחשסתא
כדמפורש בפירקא קמא דראש השנה אבל בדעתי כי כורש ודריוש
וארתחשסתא שלשה מלכים היו וחלקו להם מלכות נבוכדנצר כורש
מלך על בבל שנ' ברם בשנת חדא לכורש מלכא די בבל (ה יג) וכת'

ודריוש מראה קביל מלכותא (דניאל ו א) וכת׳ ארתחשסתא מלך פרס
(ד ז) וגם על׳ דעת חכמי׳ האומ׳ שלשה שמות היו לו גם זה יתכן
להיות כי כן נאמ׳ כורש מלך פרס (א א) כורש מלכא די בבל (ה יג)
וכת׳ ודריוש מלכא שם טעם וגומ׳ עד מהחתין תמה בבבל (ו א) וכת׳
ודריוש מראה קביל מלכותא (דניאל ו א) הרי מלך על בבל ועל מדי
ועל פרס כורש על שמלך כשר היה ארתחשסתא על שם מלכותו
ומה שמו דריוש שמו על שדרשו לאל בימיו : [16]בחדוה. בשמחה:
[17]לחטיא. לחטאת: [18]והקימו כהניא בפלוגתהון ולויאי במחלקתהון.
אז עמדו הכהנים איש בחלקו להקריב קרבנותם והלוים איש בחלקו
על דוכנם: [20]כי הטהרו. מטמא מת ומקרי וזבים וזבות ככת׳ כי
יהיה טמא לנפש (במדבר ט י) או בדרך רחוקה טמא נפש זה טמא מת
בדרך רחוקה בעלי קריים וזבים ומצורעים נדה היא (ויקרא כ כא)
מתרג׳ מרחקא היא: [21]וכל הנבדל מטומאת גויי הארץ. אותן שגרשו
נשים נכריות שנשאר: (VII) [9]הוא יסוד המעלה מבבל. הוא זמן
המיוסד וקבוע לעלייתם מבבל באחד בניסן עלה מבבל ונתעכב
בשושן עד ראש חדש אב ובא לירושלם אז מנהו המלך לנגיד על
ירושלם כי היה צדיק ומישר והכין את לבבו לדרוש תורת יי :
[10]ולעשות. שהיה מעשה אותם ללמד בישר׳ חק ומשפט [ולעשות]
כמו את הנפש אשר עשו בחרן (בראשית יב ה) שעשאם[b] וגיירם וקירבם
תחת צל שכינה: [11]פרשגן. פתשגן ר׳ מתחלף עם ת׳ ופי׳ דברי פתויין
ופיוסין ושגיון כמו באהבתה תשגה תמיד (משלי ה יט) כי דברי פיוסים
של אגרות המה מפתים ומשגים את האדם למלא תאות שולחיהם
ועוד משנה (דברים יז יח) מתרג׳ פתשגן משנה הוא מכתב דברים כפולים:

[a] O. בל.   [b] O. שעשם.

12 גמיר וכענת. מתוקן ומסויים כוליה דברי פיוסים כליל מתרג' גמיר
והוא לשון סיום: וכענת. כן ענת האגרת מני שים טעם וגו': ¹⁴יעטוהי.
יועציו: ¹⁵ולהיבלא. ולהוליך כמו לך יובילו מלכים שי (תהלים עו ל)
יובילון מנחתי (צפניה ג י): ¹⁶עם התנדבות עמא. עם מה אשר מתנדבים
העם: ¹⁷אספרנא. בזריזות: המו. אותם: ²⁰ושאר חשחות. ויתר חסרון
אשר יחסר לבדק בית האלהים כמו [ומה] חשחן (ו ט) ומה חסרון
יש להם ויש אומ' חשחות וחשחן לשו' חושש הוא' כי העושה
מלאכה מרובה מחשבה גדולה יש לו עד גומרו שמא יחסר לו דבר:
די יפל לך למנתן. שיפול לך בגורל ליתן תנתן מבית גנזי המלך:
²¹גזבריא. גזברים הם ממונים על הפעולה: די ישאלנכון. שישאל
מכם: ספר דתא. סופר התורה והדת: ²²כורין. הם מדות חומר
שעורים (ויקרא כז טז) מתרג' כור דשערין: בתין. גם הם מדות חומר
מדת היבש בת מדת הלח והבת עשירית החומר שנ' כי עשרת
הבתים חומר (יחזקאל מה יד) והתרג' בית כור: ומלח די לא כתב.
לפי שאלו הוצרכו להכתב שיעורם והמלח לא: ²³אדרזדא. יש
שפותר' בחזקה בלא עצלות ויש אומר כהוגן וכשורה ויש אומ' לשון
זירוז: ²⁴תרעיא. שוערים: נתיניא. נתינים הם הגבעונים: מנדה בלו
והלך לא שליט למרמא עליהון. ומנת מלכא וכסף גולגלתא וארנונא
שהוא מכם לא יהא רשאי להטיל עליהם הואיל ומתעסקים בבית
המקדש: ²⁶למות. בארבע מיתות בית דין: לשרשי. זה נדוי ושמתא^b
כמו שנ' יתצך לנצח ויסחך מאהל ושרשך מארץ החיים (תהליה נב ז):
הן לענוש נכסין. עונש ממון וקנסות כמ' ענוש יענש (שמות כא כב) וענשו
אותו מאה כסף (דברים כב יט): ולאסורין. בית הסהר ויש אומ'

^a H. סחוי נשמתא.   ^b H. והוא אשר הוא.

ולאסורין אלו מלקיות כמו ויסרו אותו (דברים כא יח) מתרג׳ וילקון
יתיה: (VIII) ¹והתיחשם. ויחוסם: ¹⁵אהוא. שם המקום: ומבני
לוי לא מצאתי שם. אלו בני משה הלוי שנגנזו לפנים מנהר סבטין:
¹⁶,¹⁷ואשלחה לאליעזר ואצוה אותם על אדו הראש בכספיא המקום.
צוה לאליעזר וחביריו לילך בדרכים נעימים לאדו הראש אשר
בכספיא לתת להם מן הלוים שנשארו מיתר בני לוי לשרת בבית
המקדש: ²²ו־עזו ואפו. וכחו וחרונו: ²⁷וכפורי זהב לאדרכנים. כפורי
כגון כפרת הם רקועי פחים של זהב: לאדרכונים. יש שפותרין כמו
דרכמונים המה מטבעות כמין זהובים ויש אומ׳ מיני מרגליות:
נחשת מוצהב. כמו *מובהק כמ׳ זהב׳: שנים חמודות כזהב. שני
כלים היו שנותרו מימות משה כמו ששנינו בברייתא צלצל היה
במקדש של נחשת היה ומימות משה היה והיה קולו ערב ועוד
מכתשת היתה במקדש נחשת היתה ומימות משה היתה והיתה
מפטמת את הבשמים אלו שני כלים נותרו במקדש ראשון ונפגמו
ולא עלתה להם ארוכה עולמית ועליהם הוא אומ׳ על ידי דוד נחשת
ממורט נחשת מורק עליהם הוא אומ׳ בעזרא וכלי נחשת מוצהב
טובה שנים חמודות כזהב ואמ׳ חכ׳ כל אחד מהם היה שקול
כשנים של זהב ויש אומ׳ שניהם שקולים כאחד של זהב ויש אומ׳
שנים היו כלומ׳ שני צלצלים של נחשת חמודים כאחד של זהב ושתי
מכתשו׳ של נחשת שקולות שתיהן וחמודות כאחת של זהב: ²⁸אתם
קדש ליי. כשם שהכלים קדש ליי כן משרתי המקדש קדש ליי: ³⁵צפירי
חטאת. שעירי חטאת כמ׳ דמתרג׳ צפירי חטאתא (ויקרא טז ה): ³⁶דתי
המלך. הם צוויים שכותבים המלכים: (IX) ³ואמרתה. כמו כי ימרט

ᵃ H. צהוב.

ראשו (ויקרא יג מ) : משוֹממם. כמו שותק ויש אומר כעוס כמ' ישׁוֹמו
ישרים על זאת (איוב יז ח) : ⁸תחנה. חנינה : יתד. כמו מעמד היתד
התקועה במקום נאמן (ישעיה כב כה) והוא מפירוש יד ושם (ישעיה נו ה) :
¹¹ארץ נדה היא. מה נדה יש לה התר לבעלה אחר טבילה כך ארץ
ישר' וכן הוא אומ' כטומאת הנדה היתה דרכם לפני (יחזקאל לו יז) מה
נדה טובלת ותהורה לבעלה כשעושין תשובה : מפה אל
פה. משער לשער כמ' שנ' פה לפה (מ"ב י כא) מתרג' מסיפא לסיפא
ופי' ממפתן שער זה למפתן שער זה : ¹³חשכת למטה מעונינו. ולא
עשית כפי עונינו כמ' ואחשוך גם אנכי אותך מחטוא לי (בראשית כ ו) :
¹⁴תאנף. לשון רוגז גם בי התאנף יי (דברים א לז) מתרג' אף עלי הוה
רגז : (X) ¹ומתנפל. משתטח בהשתחויה כמו ואתנפל (דברים ט יח)
מתרג' ואישתטחית : ²יש מקוה לישראל. כמו תקוה : ⁴וכל אשר לא
יבא לשלשת הימים. מכאן שקובעין זמן קודם ומנין שהפקר בית
דין הוי הפקר שנ' יחרם כל רכושו ומנין שמנדין אותו שנ' והוא יבדל
מקהל הגולה שאסור להרעד עמו בכל ווֹעד : ¹⁴לעתים מזומנים. לעת
וזמן שיקבעו להם בית דין : זקני עיר ועיר ושופטיה. חכמי עיר ועיר
ודייניה מיכן שחייבין חכמי העיר לדון יושבי עירם : ¹⁹ויתנו ידם
להוציא נשיהם ואשמים איל צאן על אשמתם. מלמד שנענשו עליהם
כמו על שפחות חרופות שנ' והיא שפחה נחרפת לאיש (ויקרא יט כ)
וכת' והביא את אשמו ליי אל פתח אוהל מועד איל אשם (שם כא) :

[❖ פירוש נחמיה ❖]

(I) ³נצתו באש. כמו ויצת אש בציון (איכה ד יא) לשון דליקה:
⁵האל הגדול והנורא. ולא אמר הגבור לפי שרואה בניו מסורין
בקולרין ובית מקדשו חרב ואיה גבורותיו: ⁶קשבת. כמו ויקשב יי
(מלאכי ג טז): (II) ¹כת׳ דברי נחמיה בן חכליה ויהי בחדש כסלו
שנת עשרים וכת׳ ויהי בחדש ניסן שנת עשרים זה בא ללמד שמלכי
אומות העולם מונים להם מתשרי ומלכי ישר׳ מניסן וכן היה בא
חנני ואמ׳ הדברים לנחמיה בכסלו ולא הספיק לאמרם למלך עד
ניסן: ואשא את היין ואתנה למלך ולא הייתי רע לפניו. שדרך
משקים למלך לטעום הכוס קודם מפני חשד סם המות וזה היה
יהודי ולא שתה והכיר המלך ונשתנו פניו כי נעשה כשונא למלך
ואז מיהר ושתה ולכך נקרא נחמיה התרשתא שהתיר סתם יינן של
גויים לשתיה לפני המלכים [בשעת סכנה] מפני החשד ומפני סכנת
נפשות ועל שנשתנו פניו לפיכך אמ׳ המלך מדוע פניך רעים:
⁶והשגל יושבת אצלו. נשאו ונתנו חכמים בדבר זה אומר כלבתא
וזה [אומר] מלכתא והעמידו דבר על ביררו כי שגל מלכתא כאמור
בנות מלכים ביקרותיך נצבה שגל לימינך בכתם אופיר (תהלים מה י):
⁸שומר הפרדס. לא פרדס של פירות אלא יער צומה עצים לצורך
בנין החשוב עליו כפרדס רמונים: ¹⁴ברכת המלך. מקום שמכבסין
בגדי בית המלך: ¹⁵ואהי שובר. חושב כמו עיני כל אליך ישברו
(תהלים קמה טו): ¹⁶ולחורים ולסגנים. הם חשובים שבמלכות כמו
החורי יושבי הארץ (בראשית לו כ): ¹⁹וישמע סנבלט החורוני. היה

אחד משומד מבית חורון: טוביה העבד העמוני. מעבדי בית דוד:
גשם הערבי. גר מארץ ערב וגם[a] הם צרי יהודה ובנימן היו: [20]ולכם
אין חלק וצדקה וזכרון בירושלם. לפי שסנבלט נשתמד ונפרד
מישר' טוביה עבד עמוני וכת' ולא יבא עמוני ומואבי בקהל יי
(דברים כג ד) גשם גר ערבי וחזר לשיעורו[b]: (III) [1]שער הצאן. הוא שער
הבכורות ושמה נכנסין כל צאן קדשים לכך נאמ' המה קדשוהו: ועד
מגדל המאה. זה בית הכנסת הגדולה שבירושלם שעונין שם
מאה אמן בכל יום ולפיכך נאמ' קדש בשער הצאן שכל צאן שנמצא
נכנס באותו השער קדש הוא ובשאר השערים נאמר קירוהו שסככום
בקורות: [3]מנעוליו. מסגרותיו כמ' על כפות המנעול (שיר ה ה):
[5]ואדיריהם. גדוליהם ועשיריהם לא קבלו על צואַרם עול עבורת
אדניהם זה הב"ה: [7]לכסא פחת עבר הנהר. עשו שם מקום לכסא
לישב שם פחת עבר הנהר בבואו מדי שנה בשנה לירושלם: [8]ויעזבו
את ירושלם עד החומה הרחבה. לשו' כסוי תקרה ומעזיבה:
הרקחים. בעלי רוקח מרקחת: [9]שר חצי פלך. חצי קרן זוית: [11]מגדל
התנורים. מקום תנורים לאפות שם לחם ליושבי ירושלם כי לא היה
תנור ניסק בירושלם [מפני עשן] המערכה: [12]שלום בן הלוחש. רופא
בעל לחישות: [15]שלון בן כל חוזה. שהיה חריף בכל ענין: ויטללנו
ויסוככנו כדכת' וסכות על הארון (שמות מ ג) מתרג' ותתליל על ארונא:
ברכת השלה. מקום שרוחצין שם חליפות שמלות כדכת' ויפשט
(במדבר כ כח) מתרג' ואשלח כמ' איש שלחו המים (ד יז): [16]הברכה
העשויה. שנעשית אחרי כן: בית הגבורים. סנהדרין שהיו גבורים
בתורה כדכת' ואלה שמות הגבורים אשר לדוד (ש"ב כג ח) וכת' גבורי

כה עושי דברו (תהלים קג כ) : ¹⁷לְפָלְכוּ. לזוית שלו שלשת הנפת
(יהושע יז יא) מתרג׳ תלתא פלכין : ¹⁹מנגד עלות הנשק. מקום שמצניעין
שם כלי המלחמה כי לא היו נכנסין בירושלם לבושי כלי זיין לקיים
מה שנ׳ וחרב לא תעבור בארצכם (ויקרא כו ו) : הַמִקְצוֹעַ. כמו המקצעות
(שמות כו כד) מתרג׳ זוין והם זויות : ²⁰אחריו החזיק. מקום
חורבן כמ׳ ושכן חררים במדבר (ירמיה יז ו) : ²¹תכלית. סוף : ²⁶בעופל.
בארמון הוא מקום מכוסה ומקורה כמו עופל ובחן (ישעיה לב יד) וכמ׳
שר העופל ושם מושב הנתינים עושי העבודה חוטבי עצים ושואבי
מים : ³⁰חנון בן צלף הששי. הממונה על מלאכת השש : נגד נשכתו.
נגד לשכתו נ׳ מתחלף עם למ״ד : ³¹והרוכלים. הסוחרים כמ׳ אבקת
רוכל (שיר ג ו) : שער המפקד. מקום שׁשׁוֹרפין פרים הנשרפים ושעירים
הנשרפים נקרא מפקד : ³⁴היהודים האמללים. הזדונים כמ׳ מה אמולה
לבתך (יחזקאל טז ל) מה תקוף הוה רשע לבך לשון זדן : היעזבו
להם. לשון תקרה ומעזיבה : היחיו את האבנים. כלום׳ הם טמונות
בעפר ודומות למתים טמונים בעפר וכיון שיוציאום דומות לחיים
מערמות. כמ׳ בטנך ערמת חטים (שיר ז ג) : ³⁵אם יעלה שועל. לשון
בווי כלום׳ השועל חלש שבחיות יפרוץ חומת אבניהם כל שכן ארי
ודוב ממלכת כשדים ופרסיים שהם גבורים על כל האומות. ד״א אם
יעלה שועל. למה הזכיר שועל על שום קינת ירמיהו על הר ציון
ששמם שועלים הלכו בו (איכה ה יח) : ³⁶בארץ שביה[a]. כי נשבו מארצם
על ידי מלכי אשור ויושבים בערי שמרן : ³⁸ותקשר כל החומה. לשון
דבוק כמ׳ אולת קשורה (משלי כב טו) דבוקה פירושו כלום׳ נגדרו כל
הפרצות ודבקה החומה : (IV) ¹אֲרוּכָה. רפואה כמ׳ וארוכתך מהרה

תצמח (ישעיה נח ח): ²ויקשרו. לשון מרד כי הקשורים במורדם מתחברים יחדו: ולעשות לו תועה. כמ׳ והייתי בעיניו כמתעתע (בראשית כז יב) וכמ׳ ושני כפירים נתעו (איוב ד י) לשון תעתוע: ⁴הסבל. המשא כמ׳ נשא סבל (מ״א ה כט): ¹¹עומסים. כמ׳ ויעמוס איש על חמורו (בראשית מד יג): ¹⁷איש שלחו המים. חליפות שמלותיו לא היה אדם נותנו לכובס אלא מכבסו בעצמו כדי שלא יבטל העם ממלאכתם וימשט (במדבר ב כח) מתרג׳ ואשלח: (V) ⁵והנה אנחנו כובשים את בנינו ואת בנותינו לעבדים. שהיו ממשכנים אותם ביד הנשים וכן שדותיהם וכרמיהם: ⁷משא. הלואה כמו כי תשה ברעך משאת מאומה (דברים כד י): ¹⁰נעזבה נא את המשא. כדכת׳ שמוט בל בעל משה ידו וכת׳ לא יגוש את רעהו (דברים טו ב) ומתרג׳ לא יתבע מן חבריה: ¹³גם חצני נערתי. החוצן שלי פשטתי כמו שנ׳ פשוטה וערוה וחגורה על חלצים (ישעיה לט יא): חצני. כמ׳ והביאו בניך בחוצן (ישעיה מט כב) ונער נעור ורק. כולם לשון אחד הוא: ¹⁴פחם. פחה שלהם כמו פחת ושלטון: לחם הפחה. לחם שמביאים דורון לשלטון: לא אכלתי. למען הקל העול מעליהם: ¹⁶ושדה לא קנינו. כי לא הספקנו לקנות שדות מפני הטירוד של מלאכה: ¹⁸ברורות. בריאות [ומובחרות] ומובררות: צפרים נעשו לי. השור והצאן למאכל הבנאים והעופות בשבילי: נעשו כמו וימהר לעשות אותו (בראשית יח ז) וכמו וחמש צאן עשויות (ש״א כה יח) לשון תבשיל: (VI) ⁵וגשמו אומר. וגופו של מכתב אום׳ כמו גשמיה יצטבע (דניאל ד ל) גופו יוטבל ויש אומ׳ וגשמו הוא גשם הערבי ושנה במלה כמלים רבים שבמקרא כי חבירו יורה עליו וישלח סנבלט וגשם אלי: ואתה הוה להם למלך. ואתה רוצה להיות להם למלך ויש אומ׳ הוה לשון הסתה כמו

הוות ותוך ומרמה ושקרים: ⁸אתה בודאם. כמ׳ בדא מלבו (מ״א יב לג):
¹⁴ולנועדיה הנביאה. אשה בעלת אוב היתה: ¹⁶ויפלו מאד בעיניהם.
לשון פליאה: (VII) ³יגיפו הדלתות. יסגרו הדלתות. וגם יצמידו כמ׳
שנ׳ צמיד פתיל (במדבר יט טו) מתרג׳ מגופת שיע והוא הכסוי שסוכרין
בו החביות כדתנן במגופת החבית והכנפים שמם אגפים לפי שסוככין
ומכסין על גוף העוף ונעל בעדו (שופטים ג כג) מתרג׳ ואגף: ⁷⁰דרכמונים.
זהובים: (VIII) ²וכל מבין. תלמיד חכם: ³מן האור. מן אור הבקר:
⁴מגדל עץ. הוא בנין לפרש עליו התורה ברוב עם כדי שישמעו כולם
כמ׳ שנ׳ ויעמוד המלך על העמוד (מ״ב כג ג) ומתרג׳ וקם מלכא על
איצטונא והוא איצטווא^a שאנו גורסין בתלמוד: ⁵וכפתחו עמדו כל
העם. כפתחו לקרוא בתורה שתקו כל העם ואין עמידה אלא שתיקה
שנ׳ עמדו ולא ענו עוד (איוב לב טז): ⁶במועל ידיהם. בנשיאות ידיהם
למעלה כמ׳ שנ׳ בנשאי ידי אל דביר קדשך (תהלים כח ב): ⁸ויקראו
בספר בתורת האלהים. זה מקרא לשון עברית: מפורש. זה תרגום
שהיה מתרגם ומפרש להם: ושום שכל. אלו הפסוקים הם פסוקי
נקוד וטעמים: ויבינו במקרא. אלו המסורת ללמוד שכולם נתנו לו
למשה בסיני ושכחום מרוב עלבון הגלות וחזרו עזרא וסיעתו ויסדום:
⁹ויאמר נחמיה הוא התרשתא. שהתיר יין לשתיה לפני מלכים בשעת
הסכנה: המבינים את העם. הפותרים ומבינים בינת הכתוב לעם:
¹⁰וזה היה באחד בתשרי בראש השנה ורצו העם לצום ועל כן אמ׳
להם לכו אכלו משמנים כדי שתהא השנה הזאת שמנה עליכם ואין
משמנים אלא בשר שמן ושתו ממתקים יין עסיס ותירוש מתוק כדי
שתהא השנה הזאת מתוקה עליכם: ושלחו מנות לאין נכון לו.

^a H. אצבנא.

לענײם שלא הכינו להם תבשיל וחכמ' אומ' בתלמ' לאין נכון לו
למי שלא הניח עירובי תבשילין מבעוד יום יבוא ויסמוך על שלכם
לפי שאסור להם לאפות ולבשל בלא עירוב כת' הכא לאין נכון לו
וכת התם והיה ביום השישי והכינו (שמות טז ה) : כי קדוש היום
לאדוננו. ככת' זכרון תרועה מקרא קדש (ויקרא כג כד) מן התורה ומדברי
קבלה ומן התלמוד מצינו מפורש שאסור להתענות בראש השנה מן
התורה מנין דכת' זכרון תרועה מקרא קדש ובשאר מועדות נאמר
מקרא קדש הרי הוקשו כל המועדות זה לזה מדברי קבלה הוא
דאמרן בספר עזרא כי קדוש היום לאדוננו מן התלמוד מנין דגרסי'
בתלמוד ירושלמי בתעניות וכל סביבותיה מתענות ולא מתריעות שכן
מצינו ביום הכפורים מתענין ולא מתריעין ר' עקיבה אומ' מתריעות
ולא מתענות שכן מצינו בראש השנה מתריעין ולא מתענין : [14]הסר.
שתוקו ולא תבכו ביום טוב שאסור בהספד ובבכיה : [15]עלי זית. כמשמעו :
ועלי עץ שמן. בלסמון ויש אומ' קינסא המוציא מזיעתו קינסו הנקרא
דידין': ועלי הדס. זה הדס שוטה לסוכה ומאי הדס שוטה דפרײן
טרפייהו וארֵיכן שוטײהו: ועלי תמרים. לולבים: ועלי עץ עבת.
להושענא דהײנו אגודה שבלולב: [16]ויעשו כל הקהל השבים [מן השבי
סכות] וישבו בסכות כי לא עשו מימי ישוע בן נון כן בני ישראל עד
היום הזה. ולמה נקרא שמו ישוע הלל בר שמואל בר נחמני אמ'
פגם הכתו' כבוד צדיק בקבר צדיק משום כבוד צדיק בשעתו הקיש הכת'
ביאתן בימי עזרא לביאתן בימי יהושע מה ביאתן בימי יהושע

a On this word compare Löw, *Aramäische Pflanzennamen*, p. 98, with Levy, *Neuhebräisches und chaldäisches Wörterbuch*, s. v. דרינק. Our author confirms Löw's conjectural רדין.

פטורין היו ונתחייבו אף ביאתן בימי עזרא פטורין היו ונתחייבו.
ד"א וישבו בסכות כי לא עשו מימי ישוע בן נון. איפשר בא דוד ולא
עשה סוכה בא שלמה ולא עשה סוכה אלא מקיש ביאתן בימי עזרא
לביאתן בימי יהושע מה התם בחדוש כל המצות אף הכא בחדוש
כל המצות: (IX) [3]ויקראו בספר תורת יי אלהיהם רביעית היום
ורביעית היום מתודים. הרי חצי היום במקרא ובתפלה חצי היום
הנשאר רביעית להגדה ולהפטרה ורביעית לצרכי עניי העיר:
[5]ומרומם על כל ברכה ותהלה. שהיו עונין אמן על כל ברכה וברכה
כמו שאמ' חכמים על כל ברכה וברכה תן לו תהלה: [18]נאצות.
הכעסות כמ' עד אנה ינצאונני (במדבר יד יא): [21]לא בצקו. כמ' לא
בצקה (דברים ח ד) מתרג' לא יחיפו לשון יחפות אמנם כל ההולך
תמיד יחף: [29]כתף סוררת. כפרה סוררה סרר ישראל שלא קבלו
עול מצות לעבדך שכם אחר (צפניה ג ט) דמתרג' כתף חד: (X) [1]ובכל
זאת אנחנו כורתים אמנה. מכיון שקבלו עליהם דברים שהיו
חייבין בהם העלה עליהם המקום כאלו קבלום מאליהם. [ד"א]
ובכל זאת מכיון שקיבלום עליהם בסבר פנים יפות העלה
עליהם המקום כאילו קיבלום מאליהם: כורתים אמנה. כורתים
ברית אמת בלי לשקר[a] בבריתך: [32]המקחות וכל שבר. הסחורה
וכל מיני תבואה: ונטוש את השנה השביעית. כדכת' והשביעית
תשמטנה (שמות כג יא): ומשא כל יד. ככת' כל בעל משה ידו
(דברים טו ב): [33]והעמדנו עלינו מצות לתת עלינו שלישית השקל בשנה.
מיכן אמרו חכמ' שקולה גמילות חסדים כנגד כל המצות:
[35]והגורלות הפלנו על קרבן העצים לעתים מזומנים. כמו ששנינו

[a] H. שקר.

[בן] במשנה זמן עצי הכהנים והעם תשעה באחד בניסן בני ארח
יהודה בעשרים בתמוז בני דוד בן יהודה בחמשה באב בני פרעוש בן
יהודה בשבעה בו בני יונדב ולוים וכל מי שטעהᵃ ובני גונבו עלי
בני קוצעי קציעות בעשרים בו בני פחת מואב בן יהודה בן רכב
בעשרה בו בני סנאה בן בנימן בחמשה עשר בו בני זתוא בן יהודה
ועמהם כהנים בעשרים באלול בני עדין בן יהודה באחד בטבת שבו
בני פרעוש שניה: (XI) יⁿ‎ראש התחלה. שהוא התחיל תחלה
במשמרות יהודה לתפלה שהיה זקן מתענה ומתפלל על עיר הקדש
שתגמר הבנין בימיו: ²¹‎הנתינים. הם הגבעונים ולמה נקראו נתינים
על שם ויתנם יהושע ביום ההוא חוטבי עצים ושואבי מים (יהושע ט כז):
בני ציחהᵇ. בני אדם שבועלין נדות בצמאה כמ׳ שנ׳ צחה צמא
(ישעיה ה יג) שהיו שטופים בזמה: בני חשופא. בני זונה כדכת׳ וחשופי
שת (ישעיה כ ד) שנולדו מגלוי עריות ויש אומ׳ בני הצופא לשו׳ הציפות
זונת מצח: בני טבעות. שקלקלו אבותם גם ארוסותיהם קודם
שיכניסו אותם לחופה והיו סומכין על קדושי טבעות ומקלקלין עם
ארוסותיהן בלא כתובה: ²⁵‎באסופי השערים. (XII) באסקופי השערים
כמ׳ בתתם ספם את ספי (יחזקאל מג ח) המה המשקופות והמפתנים: ³¹‎שתי
תדות. שני כתי לוים בעלי תדות: ותהלוכות לימין. המה הגבורים
המתהלכים אזורי חרבות לימין המשוררים מעל החומה מפחד
האויב בארבעה באלול חנוכת חומת ירושלם שאין מוסיפין על
העזרות ועל העיר אלא במלך ונשיא וכהן גדול וסנהדרין של
שבעים ואחד ובשתי תדות ושיר והתודה השנית ההולכת למואל

ᵃ In the Mishna (Taanith iv. 5) בשבטו follows.
ᵇ Neh. vii. 46: הנתינים בני צחא בני חשפא בני טבעות.

וב״ד דין מהלכין אחריהן: [42]ויזרחיה הפקיד. כמו׳ ויפקד פקדים
(בראשית מא לד) הם הממונים: [44]ויפקדו. נתמנו: הנשכות. הלשכות נ׳
מתחלפת עם ל׳: מנאות. מנות ומתנות כמו למשה היה למנה
(ויקרא ח כט): [47]מניות. גם הוא לשון מתנות ומנות: ומקדישים ללוים.
שנותנים מעשרות ללוים: והלוים מקדישים לבני אהרן. שנ׳ ונתתם
ממנו לאהרן הכהן מעשר מן המעשר (במדבר יח כו): (XIII) [3]ויבדילו
כל ערב מישראל. כמ׳ וגם ערב רב עלה אתם (שמות יב לח) ומתרג׳ ואף
נכראין סגיאין: [7]נשכה. לשכה: [14]זכרה לי אלהי. לטובה על זאת
בעולם הזה: ואל תמח חסדי. לעולם הבא: [15]ביום מכרם ציד.
צדה ומזון: [16]מביאים דאג. דג מלא א׳ על חלול השבת שהיו
מביאים דאגה לעולם: [19]ויהי כאשר צללו שערי ירושלם לפני השבת.
קרוב אל עת ערב כשנטה הצל על השערים בערב שבת קדם שיכנס
השבת כמו שנ׳ כי ינמו צללי ערב (ירמיה ו ד) אז הלכו כולם לדרכם *לעת
ערב תצוה* עזרא לסגור הדלתות שלא יפתחו אחר השבת במוצאי
שבת: [20]הרוכלים. הסוחרים: [21]אם תשנו. אם תעשו כן פעם שניה
אשלח יד בכם ואכה אתכם: [22]ואומרה ללוים אשר יהיו מטהרים.
כמו שנ׳ וכה תעשה להם לטהרם הזה עליהם מי חטאת (במדבר ח ז):
[29]גאלי הכהנה. על אשר פסל הכהנים שנטמעו בנשים הנכריות כמו
שאמ׳ חכמי׳ ארבע מאות עבדים היו לו לפשחור בן אמר הכהן
ואמרי לה ארבעת אלפים עבדים היו לו לפשחור בן אמר הכהן
וכולם נטמעו בכהנה גדולה ואז בא נחמיה ופסלם מן הכהנה שנ׳
ויגואלו מן הכהנה וכת׳ ויאמר התרשתא להם אשר [לא] יאכלו
מקדש הקדשים עד עמוד כהן לאורים ותומים עד שיבא אליהו

⁂ ‏אז לעת ערב צוה .O.

וטהרתים מכל נכר מבנות העמים והנשים הנכריות: [31]לקרבן העצים
בעתים מזומנות. כמ׳ ששנינו זמן עצי הכהנים והעם תשעה שהיו
מביאין קרבן עצים איש בעתו ובזמנו למערכה כמ׳ שכת׳ לעילא:
ולבכורים. שבטל פרוזדאות שהושיבו על הדרכים שלא לעלות עצים
למערכה ושלא לעלות בכורים לירושלם:

❖ נשלם פירוש עזרא ❖

CPSIA information can be obtained
at www.ICGtesting.com
Printed in the USA
BVHW011814040221
599396BV00013B/288